国家新时代职业教育创新发展标杆建设成果
国家现代职业教育体系建设改革新模式建设成果
国家职业教育质量发展研究中心建设成果
天津市职业教育研究院和天津市产教融合研究院研究成果
天津市职业教育发展评估中心建设成果
天津市教育科学研究院2022年重点课题成果(课题编号:TJJKY2022-ZD-08)

世界职业院校技能大赛设计与创新研究

SHIJIE ZHIYE YUANXIAO JINENG DASAI

SHEJI YU CHUANGXIN YANJIU

耿洁 等◎编著

天津出版传媒集团

天津人民出版社

图书在版编目（CIP）数据

世界职业院校技能大赛设计与创新研究 / 耿洁等编
著 . -- 天津 : 天津人民出版社, 2024.3
ISBN 978-7-201-19969-6

Ⅰ.①世… Ⅱ.①耿… Ⅲ.①高等职业教育—职业技
能—竞赛—研究—世界 Ⅳ.①G718.5

中国国家版本馆 CIP 数据核字 (2024) 第 045112 号

世界职业院校技能大赛设计与创新研究
SHIJIE ZHIYE YUANXIAO JINENG DASAI SHEJI YU CHUANGXIN YANJIU

出　　版	天津人民出版社	
出 版 人	刘锦泉	
地　　址	天津市和平区西康路35号康岳大厦	
邮政编码	300051	
邮购电话	（022）23332469	
电子信箱	reader@tjrmcbs.com	

责任编辑　玮丽斯
装帧设计　卢炀炀

印　　刷	天津新华印务有限公司	
经　　销	新华书店	
开　　本	787毫米×1092毫米　1/16	
印　　张	12	
插　　页	6	
字　　数	180千字	
版次印次	2024年3月第1版　　2024年3月第1次印刷	
定　　价	89.00元	

编著团队

主 编

耿 洁

副主编

芮志彬 李 文

成 员

梁 群 王 田 项 琳 田 兢

目　录

引　言

　　2022年是党和国家历史上极为重要的一年，党的二十大胜利召开，描绘了全面建设社会主义现代化国家的宏伟蓝图。2022年也是职业教育历史上极为重要的一年，党的二十大报告"统筹职业教育、高等教育、继续教育协同创新，推进职普融通、产教融合、科教融汇，优化职业教育类型定位"，再次明确了职业教育的发展方向；新修订的《中华人民共和国职业教育法》施行；中共中央办公厅、国务院办公厅印发《关于深化现代职业教育体系建设改革的意见》。这一年，天津市成功举办了世界职业技术教育发展大会，同期成功举办了首届世界职业院校技能大赛（以下简称"首届世校赛"）。

　　赛事举办最难的是从"0"到"1"的过程，需要经历巨大的艰辛与付出，然而，这个过程往往又是最精彩和最有价值的。从2022年1月接到任务到8月20日首届世界职业院校技能大赛顺利闭幕暨颁奖式的200多天中，天津市教育科学研究院职业教育研究中心（以下简称"中心"）在教育部、天津市人民政府、市教育两委的带领和指导下，在院党政领导班子的亲自指挥下，协同天津市13所职业院校，勠力同心，踔厉奋进，出色地完成赛事的各项任务。世校赛的成功举办获得教育部全国职业院校技能大赛组委会秘书处、世界职业技术教育发展大会天津市组织工作委员会的高度肯定，并写来感谢信。2023年4月，中心获天津市人民政府颁发的"天津市职业教育先进集体"荣誉。

中心的前身是天津市教育委员会职业技术教育中心。2019年事业单位机构改革合并到我院。中心承担2008—2019年连续12届全国职业院校技能大赛的举办，承担2008年至今天津市职业院校技能大赛的举办，2022年又承担了世界职业院校技能大赛的举办，是一个伴随世校赛、国赛和市赛赛事发展的组织。16年的办赛经历和经验积累通过首届世校赛的举办再次升华，实现了由以举办赛事为主到科研支撑举办赛事的转变。

为做好首届世校赛的设计、筹备和实施，天津市教育科学研究院高度重视，在接到任务后设立了院重点课题，用科学研究的视角，深入分析"要创办一个怎样的赛事""依据什么设计赛事""如何设计赛""赛的特色是什么"等一系列重要问题，探索如何高质量开发和举办赛事，探索教育科研机构如何发挥科研优势、高质量推进重大项目建设机制。经过多方共同努力，不仅成功举办首届世校赛，还探索出政研校企联动的赛事组织与实施机制，并取得系列科研成果，完成院重点课题1项，形成决策转化23项，发表北核期刊论文1篇，出版学术著作1部，推进研发赛项规程21项和国际性线上比赛规程方案13项。教育科学研究服务决策、引领实践、理论创新的功能得到有效发挥，对竞赛创新发展的重要支撑、驱动和引领作用得到彰显。科研支撑的赛事设计与实施带给我们以下两点启示：

一是科研引领研发，更高质量编制简约绿色国际竞赛方案。首届世校赛坚持问题导向和目标导向，用科研思维和科研方式，聚焦大赛定位、赛制设计、参赛组队、规程编制等一系列关键问题，建立赛事研发与实施工作机制，高起点开展大赛设计、开发、组织、实施等各项工作，形成了简约、绿色、国际竞赛方案，得到各级领导、学校、媒体、与会嘉宾的充分肯定和赞许。

二是调查研究先行，更高水平夯实制度研发储备。成功的大赛背后有一系列的制度研发做支撑。组织调研、专题研讨100余次；编制各类调查问卷30余套；开展国内外重大赛事文献调研30万字；研发、编制大赛系列重要制度文本20余个，如大赛方案、大赛实施方案、大赛管理办法、赛项规程模板、赛项线上比赛方案模板、赛务用品设计方案、赛项指南设计方案与模板、赛务系统建设方案、主视觉形象设计方案、承办校与合作企业遴选方案、宣传方案等。

本书共分世界职业院校技能大赛设立与设计、世界职业院校技能大赛创新与实践、世界职业院校技能大赛赛项设计理路、国内外重要技能赛事概览、世界职业院校技能大赛展望五个部分，全面呈现大赛的设计过程和赛项规程开发过程，以原始样貌记录首届世校赛的探索与创新研究。

回想首届世校赛从赛事设计到赛项组织实施，有太多的感谢要表达。感谢各级领导给予的信任、指导和关爱，感谢院内各部门的大力支持和帮助，感谢服务大赛场地搭建、开闭幕式的技术团队，感谢天津海运职业学院礼仪队，特别要感谢以下承办赛项的职业院校：天津机电职业技术学院（承办竞赛类机电一体化项目、智能产线安装与调试、工业机器人技术应用赛项）、天津市职业大学（承办竞赛类增材制造技术赛项）、天津现代职业技术学院（承办竞赛类无人机维修与应用赛项）、天津电子信息职业技术学院（承办竞赛类信息技术应用创新赛项、展演类5G通信网络布线赛项）、天津渤海职业技术学院（承办竞赛类物联网技术应用和迷宫机器人赛项）、天津城市职业学院（承办竞赛类云计算赛项）、天津中德应用技术大学（承办竞赛类通信网络管理赛项、展演类智能网联汽车技术赛项）、天津交通职业学院（承办竞赛类汽车技术赛项、展演类嵌入式技术应用开发赛项）、天津商务职业学院（承办竞赛类跨境电商赛项、展演类中华茶艺赛项）、天津轻工职业技术学院（承办竞赛类碳中和可再生能源工程技术赛项）、天津医学高等专科学校和天津市红星职业中等专业学校（承办展演类中医传统技能赛项）、天津市经济贸易学校（承办展演类中餐烹饪赛项）。最后，感谢鲁班工坊国外相关学校在筹备期间给予的支持！感谢编辑此书的天津人民出版社给予的支持！

参与，是一种见证；研究，是一种提升。这就是我们编写此书的初衷。希望通过研究推进中国职业教育技能竞赛制度创新不断深化，希望以中国职业教育优质教育资源为支撑的技能竞赛，锻造出世界级技能竞赛的品牌赛事。

天津市教育科学研究院2022年重点课题

"世界职业院校技能大赛设计与创新研究"课题组

2023年1月3日

第一章

世界职业院校技能大赛设立与设计

当今世界正处于大发展、大变革、大调整的时代变局，构建人类命运共同体是时代变局下的全球化价值旨归，世界各国纷纷聚焦实体经济发展。职业教育与经济社会发展紧密相连，对促进就业创业、助力经济社会发展、增进人民福祉具有重要意义。首届世界职业院校技能大赛的创设，有助于搭建国际技术技能交流互鉴平台，构建世界技能共同体，推动中国职业教育迈向国际化发展新阶段；有助于进一步巩固职业教育类型特色，助力新时代职业教育高质量发展；有助于在全国职业院校技能大赛基础上，完善大赛标准规则体系，丰富中国特色职业教育学科理论。

◆世界职业院校技能大赛是世界职业技术教育发展大会"会、盟、赛、展"的重要组成部分，定位于"打造成大会的品牌活动、促进中国职业教育走出去的重要抓手和国际职业院校师生增进友谊、切磋技能、展示风采的重要平台"。

◆首届世界职业院校技能大赛坚持适度规模、质量为先、办出实效，突出更加国际、更加多元、更加智能、更加中国的特色。

◆首届世界职业院校技能大赛坚持以人类命运共同体、"一带一路"倡议、新发展理念等作为设计理念。

◆首届世界职业院校技能大赛依托鲁班工坊，集中展现中国职业教育改革创新系列成果，构筑以鲁班工坊国家品牌为标志的国际交流话语平台，增强中国职业教育话语权、主导权和影响力。

◆首届世界职业院校技能大赛设置竞赛类与展演类赛项，进行单元化的赛项设计与布局，开展系统化的赛题设计，采取中外融通的组队方式。

举办世界职业技术教育发展大会是立足新时代我国职业教育新的发展阶段和形势，推进职业教育国际化纵深发展的一项重要机制性设计，旨在打造"一会、一联盟、一赛、一展"的职业教育国际交流合作崭新平台和范式，其中"一赛"指世界职业院校技能大赛（简称"世校赛"），建立大赛交流机制，借鉴国际技能大赛先进经验，聚焦产业发展，每两年举办一届。世界职业院校技能大赛创新办赛模式，以全国职业院校技能大赛为基础，以鲁班工坊为纽带，以中国职业教育教学模式、教学标准、大赛装备、教学资源为支撑，构建中外院校"手拉手"组队参赛方式，建立会赛一体、赛展一体的赛事机制，打造促进中国职业教育标准走出去的重要抓手和国际职业院校师生增进友谊、切磋技能、展示风采的重要平台。

链接：世界职业技术教育发展大会

由教育部、中国联合国教科文组织全国委员会和天津市人民政府主办的首届世界职业技术教育发展大会，于2022年8月19日至20日在天津举办。本次大会是我国政府首次发起并主办的国际性职业教育大会，来自全球123个国家约700名代表注册参会。大会以"后疫情时代职业技术教育发展：新变化、新方式、新技能"为主题，通过线上线下相结合的方式举办，包含开幕式、主论坛、14场平行论坛、闭幕式。大会同期举办首届世界职业院校技能大赛、世界职业教育产教融合线上博览会，并发布筹建世界职业技术教育发展联盟的倡议，形成"会、盟、赛、展"的职业教育国际交流合作崭新平台和范式。

"会"即世界职业技术教育发展大会。来自18个国家的教育部部长或驻华大使、部分国际组织、行业组织、知名企业和职业院校代表发表演讲。在14场平行论坛中，来自各国的250多名知名专家学者围绕"数字赋能、转型升级""绿色技能、持续发展""命运与共、合作共赢""普职协调、终身学习""技能减贫、促进公平""产教融合、创新发展""科学教育、工程教育"等议题发表演讲。大会闭幕式发布筹建世界职业技术教育发展联盟的倡议、发布《天津倡议》并总结大会成果。

"盟"即世界职业技术教育发展联盟。大会期间，中国教育国际交流协会联合部分国内外高校、职业院校、研究机构、行业组织和企业等，以"自愿、平等、互利、共赢"为原则，发起筹建世界职业技术教育发展联盟的倡议，拓展职业教育领域国际交流的渠道和模式。

"赛"即世界职业院校技能大赛。大赛分为竞赛和展演两类赛项，其中机电一体化项目等竞赛类赛项15个，能工巧匠等展演类赛项8个。大赛设天津主赛区和江西赛区。

"展"即世界职业教育产教融合博览会。展会以"大力发展适应新技术和产业变革需要的职业教育"为主题，以线上为主、线上线下结合的形式举办，重点展示职业教育应对数字化变革、产教科融合发展的成效，以及职业教育高质量发展成就等。

一、世界职业院校技能大赛设立的新时代背景

（一）构建人类命运共同体是时代变局下的全球化价值旨归

世界大变局正在向纵深发展，新一轮科技革命和产业革命方兴未艾，互联网、大数据、云计算、人工智能迅猛发展，全球经济结构和创新版图重塑，新兴市场国家和广大发展中国家快速崛起，国际力量对比发生深刻变化；新冠肺炎疫情全球大流行使世界变局加速演变，后疫情时期，全球经济更加脆弱，全球价值链面临更加剧烈的调整；[1]粮食安全、资源短缺、

---

[1]　汤铎铎、刘学良、倪红福.等.全球经济大变局、中国潜在增长率与后疫情时期高质量发展[J].经济研究，2020（8）：4-23.

气候变化、网络攻击、环境污染、疾病流行等全球非传统安全问题层出不穷，对国际秩序和人类生存都构成了严峻挑战，世界面临的不稳定性、不确定性更加突出。中国政府深刻认识全球命运与共、休戚相关的客观现实，准确把握和平、发展、合作、共赢的时代主题，冷静分析层出不穷、风险日益增多的全球性挑战，提出构建人类命运共同体，并被数次载入联合国决议，逐渐成为国际共识。

构建人类命运共同体要秉持相互依存的国际权力观、合作共赢的共同利益观、绿色低碳的可持续发展观和共商共建共享的全球治理观，构建人类命运前途的生命体、成长体和发展体。第一，构建人类命运前途的生命体，共建顺应自然、和谐共生的生态体系，营造公道正义、共建共享的安全格局。地球是人类赖以生存的家园，应对气候变化、环境污染是人类共同事业。安全是人类生存和社会发展的基本需求和普遍要求，要实现共同、综合、合作、可持续的安全。[①]第二，构建人类命运前途的成长体，建立互相尊重、平等对话、权责共担的国际伙伴关系。秉持共商共建共享原则，尊重世界各国的平等地位和话语权，共同承担全球性问题及挑战。第三，构建人类命运前途的发展体，促进和而不同、兼收并蓄的文明交流，谋求开放创新、包容互惠的发展前景。推动文明交流互鉴，倡导开放中交流、包容中互生、创新中发展。世界各国经济互联互通，共同发展是持续发展的重要基础，推动全球现代性朝着均衡、普惠、共赢的方向发展。[②]

通过倡导"一带一路"建设以及通过"金砖国家""上合组织"等国际组织积极践行人类命运共同体理念。坚持协商对话，建设一个持久和平

---

① 陈理.深刻理解把握构建人类命运共同体提出的依据、内涵和实现路径[J].当代世界与社会主义，2022（1）：4-16.

② 李洋.马克思时空正义视阈中人类命运共同体的世界意义[J].社会主义研究，2020（6）：32-40.

的世界；坚持共建共享，建设一个普遍安全的世界；坚持合作共赢，建设一个共同繁荣的世界；坚持交流互鉴，建设一个开放包容的世界；坚持绿色低碳，建设一个清洁美丽的世界。①"一带一路"展现了中国推进普惠平衡全球化的行动，普惠平衡的全球化是各国平等协商、共同参与、联动发展的新型全球化，为世界各国发展提供了新机遇，也为中国开放发展开辟了新天地。②"亚太经合组织""上海合作组织""金砖国家"等区域性合作组织，紧紧凝聚广大发展中国家力量，使广大发展中国家在国际事务的商讨和国际准则的制定中获得更多话语权与更高关注度，③促进世界格局"多元治理"和"全球善治"。

（二）构筑实体经济竞争优势亟须高质量职业教育有力支撑

实体经济是国民经济发展的基础、社会生产力的集中体现，是强国富民的根基和发展国民经济、创造社会财富的基本经济形态。④主要发达国家反思脱实向虚的危害，重新聚焦实体经济，纷纷实施"再工业化"战略。例如，美国制定《国家制造创新网络计划》《美国先进制造业领导力战略》等，旨在实现美国在各工业行业保持先进制造业的领导力，确保国家安全和经济繁荣。英国发布《工业战略——建设适应于未来的英国》《英国工业2050战略》等，强调制造业是英国经济复苏的核心。工业强国德国也实施了《保障德国制造业的未来：关于实施工业4.0的建议》《国家

① 习近平.论坚持推动构建人类命运共同体[M].北京：中央文献出版社，2018：414-426.

② 李丹.构建人类命运共同体——中国的全球化理念与实践[J].南开学报（哲学社会科学版），2022（2）：1-11.

③ 李洋.马克思时空正义视阈中人类命运共同体的世界意义[J].社会主义研究，2020（6）：32-40.

④ 叶连松，叶旭廷.论实体经济发展[M].北京：中国经济出版社，2014：52.

工业战略2030》等，旨在使德国维持和重新获得在全球工业领域的竞争力和领导力，维护和增强整体经济力量、工作岗位和经济繁荣。作为发展中大国，我国先后制定《国家创新驱动发展战略纲要》《中国制造2025》等，将实体经济视为"立身之本""财富之源""取胜之匙"。

我国实体经济基于重大技术突破及重大发展需求，快速呈现及持续表现出新的发展趋势和强劲的发展态势。一方面，因数字技术的重大突破，快速呈现新的发展趋势。数字技术为实体经济赋能，与制造业深度融合，使智能制造在全球范围内快速发展，作为新技术突破催生的新兴产业，产业分工格局还未定型，产业价值链中的高附加值环节成为各国竞争关键。我国积极部署智能制造产业链，提升关键环节竞争力，组织研发并应用高档数控机床、工业机器人、增材制造装备等智能制造装备以及智能化生产线。另一方面，因新型基础设施建设、绿色低碳发展、构建新市场格局等重大需求持续表现出强劲的发展态势。包括有序推进5G网络基础设施建设，建设关键信息网络基础设施。加快构建清洁低碳安全高效能源体系，确保如期实现碳达峰、碳中和。支持节能与新能源汽车、智能网联汽车发展，推动跨境电商加快发展提质增效，带动中医药、中餐等产业开拓国际市场，促进国内国际双循环，满足居民美好生活消费需求扩张。

实体经济的高质量发展需要构筑基于高级产业能力的竞争优势，高级产业能力基于高级生产要素的形成，技能是重要的高级生产要素，[1]高技能的形成需要高质量职业教育的有力支撑。新科技驱动的战略性新兴产业、应用数字技术的智能制造产业、促进生态文明建设的绿色制造产业、满足美好生活需求的新型消费品产业等[2]是我国实体经济发展的重点领域，

---

① 中国社会科学院工业经济研究所课题组."十四五"时期中国工业发展战略研究[J].中国工业经济.2020（2）：5-24.

② 中国社会科学院工业经济研究所课题组."十四五"时期中国工业发展战略研究[J].中国工业经济.2020（2）：5-24.

存在巨大的技术技能人才需求。在战略性新兴产业方面，以云计算、物联网、5G等产业为例，预计云计算工程技术人员需求近150万、物联网安装调试员需求近500万、[①]5G相关人才需求约800万。[②]在智能制造产业方面，人力资源和社会保障部预计到2025年，我国智能制造人才缺口将达450万，[③]其中工业机器人系统操作员和运维员需求均达125万，[④]增材制造人才需求缺口达800万。[⑤]在绿色制造产业方面，自"碳达峰、碳中和"目标设立后，预计2025年相关从业人员数量将增长至50万～100万。[⑥]在新型消费品产业方面，以智能网联汽车为例，预计2025年人才净缺口为3.7万。[⑦]职业院校毕业生是我国产业大军的主要来源，在相关领域，一线新增从业人员70%以上来自职业院校。[⑧]高技能这一高级生产要素的形成，高级生产能力的培育，迫切需要高质量职业教育的支撑。

① 人力资源和社会保障部，阿里钉钉.新职业在线学习平台发展报告[R].北京：人力资源和社会保障部，2020.

② 华为，中国信息通信研究院.5G人才发展新思想白皮书[R].北京：华为，2020.

③ 王晓涛.我国智能制造发展将驶入快车道——《智能制造产业分析报告》解读[N].中国经济导报，2022-07-05，（05）.

④ 人力资源和社会保障部，阿里钉钉.新职业在线学习平台发展报告[R].北京：人力资源和社会保障部，2020.

⑤ 张昕嫱，王海龙.中国增材制造产业发展存在哪些挑战？[EB/OL]（2020-08-01）[2022-06-30]. https://www.elecfans.com/article/89/2020/202008111269608.html.

⑥ 徐沛宇.双碳人才需求一年扩10倍，供给跟不上怎么办？[EB/OL]（2022-04-08）[2022-06-30]. http://m.caijing.com.cn/api/show？contentid=4852575.

⑦ 中国汽车工程学会.智能网联汽车产业人才需求预测报告[R].北京：中国汽车工程学会，2020.

⑧ 教育部职业教育与成人教育司.从"层次"到"类型"职业教育进入高质量发展新阶段——"十三五"期间职业教育发展有关情况介绍[EB/OL].（2020-12-08）[2022-07-03].http://www.moe.gov.cn/fbh/live/2020/52735/sfcl/202012/t20201208_503998.html.

（三）建设技能型社会是职业教育的使命担当

全国职业教育大会创造性提出了建设技能型社会的理念和战略，技能是强国之基、立业之本，加快建设国家重视技能、社会崇尚技能、人人学习技能、人人拥有技能的技能型社会，是全面建设社会主义现代化国家、实现中华民族伟大复兴中国梦的基础保障和必然要求，对国家经济发展、对外开放、民生福祉、社会文明等重大问题具有促进作用与深远意义。

第一，建设技能型社会，通过提升劳动力的技能水平提高生产效率和技术水平，增强生产过程的创新性，从而实现产业结构由劳动密集型的低附加值产业逐渐升级到资本与技术密集型的高附加值产业，[1]推动传统产业高端化、智能化、绿色化转型。第二，建设技能型社会，为企业提供高技能劳动力。随着低附加值产业向高附加值产业升级，企业市场战略也发生相应转变，产品的质量规格成为企业市场战略的重要表现，[2]高附加值的市场战略将更加重视产品与服务的质量，有利于实现更大范围、更宽领域、更深层次的对外开放，开拓合作共赢新局面。第三，建设技能型社会，让更多的人掌握更好更多的技能、胜任更加复杂更加重要的职业岗位、获取更高的薪酬、享受更加美好的生活。[3]第四，建设技能型社会，营造劳动光荣的社会风尚，树立劳动最光荣、劳动最崇高、劳动最伟大、劳动最美丽的正确观念，促进社会文明程度得到新提高。

技能型社会是国家政治、经济、社会、文化、教育的良性互动，职业教育是技能型社会建设中不可缺少的一部分，发挥着不可替代的作用。技

---

①　李玉静.技能强国：意义及要求[J].职业技术教育，2016（16）：1.

②　WILSON R.，HOGRETH T. Tackling the Low Skills Equilibrium：A Review of Issues and Some New Evidence[R]. London：Department of Trade and Industry，2003.

③　石伟平.发展高质量职业教育 建设技能型社会[J].职教通讯，2021（5）：1-2.

能型社会中重视技能发展的政府、重视技术进步与产品质量的企业、重视高质量技能供给的职业院校、重视技能学习的人民群众之间紧密协作，实现政府政策、企业生产技术与产品服务、人民群众技能、社会价值观、职业院校教学等的均衡发展。在教育方面，建立起开放、包容、适应性、衔接融通的现代职业教育体系，技能教育和职业培训实用化、常态化，[①]产教深度融合、校企深度合作，教学课程适应经济产业需求和人民群众技能学习需求。技能型社会的最终目的指向技能型人才的培养，[②]职业教育作为培养技术技能人才的重要载体，具备至关重要的作用。

（四）新时代职业教育进入类型教育与鲜明特色的新发展阶段

《中国教育现代化2035》提出到2035年，总体实现教育现代化，迈入教育强国行列，发展中国特色世界先进水平的优质教育。教育系统要深入贯彻落实习近平总书记重要讲话精神，抓住机遇、超前布局，加快推进教育现代化，建设教育强国，办好人民满意的教育，为实现高水平科技自立自强、加快建设世界重要人才中心和创新高地提供有力支撑。[③]职业教育现代化是教育现代化的重要组成部分。随着我国进入新的发展阶段，产业升级和经济结构调整不断加快，各行各业对技术技能人才的需求越来越紧迫，职业教育重要地位和作用越来越凸显。职业教育作为与社会经济发展结合最为紧密的教育类型，有着其独特的发展规律和普通教育不可替代的

---

① 李梦卿，余静.我国技能型社会建设的时代背景、价值追求与实施路径[J].中国职业技术教育，2021（24）：5-11.
② 李玉静.技能型社会：理论根基与建构路径[J].职业技术教育，2021（22）：1.
③ 怀进鹏.为加快建设世界重要人才中心和创新高地贡献力量[N].人民日报，2022-01-26，（09）.

教育特征。①《国家职业教育改革实施方案》提出经过5至10年左右时间，职业教育由参照普通教育办学模式向企业社会参与、专业特色鲜明的类型教育转变；《关于推动现代职业教育高质量发展的意见》提出到2025年，职业教育类型特色更加鲜明；新《职业教育法》明确规定职业教育是与普通教育具有同等重要地位的教育类型。明确职业教育是一个教育类型，是对职业教育的重大理论贡献，对于摆正职业教育的地位，发挥职业教育服务社会和个体发展的能力，以及推进职业教育治理体系和治理能力现代化，具有重要的发展战略意义。②

在全面建设社会主义现代化国家新征程中，职业教育前途广阔、大有可为，新征程作为新奋斗的新起点，必须坚定不移沿着中国式现代化新道路推进我国职业教育类型发展。第一，建设与普通教育双轨平行、相互融通、具有同等地位的完整职业教育体系。加快健全"中职—职业专科—职业本科"一体化的职业学校体系；推进职业教育高考制度建设，制定中华人民共和国职业技能大赛、全国职业院校技能大赛、世界技能大赛的获奖选手免试入学政策。同时加强各学段普通教育与职业教育渗透融通。第二，深化产教融合，构建"校企双元育人"新格局。促进行业企业深度参与职业院校专业设置、教材开发、人才培养方案制定、质量评价、教师培养培训、实习实训基地建设全过程。第三，提高职业教育治理能力和水平，政府统筹、分级管理、地方为主、行业指导、校企合作、社会参与。第四，打造中国特色职业教育品牌。积极承办国际职业教育大会，形成一

---

① 姜大源.跨界、整合和重构：职业教育作为类型教育的三大特征——学习《国家职业教育改革实施方案》的体会[J].中国职业技术教育，2019（7）：9-12.
② 教育部职业教育与成人教育司.从"层次"到"类型"职业教育进入高质量发展新阶段——"十三五"期间职业教育发展有关情况介绍[EB/OL].（2020-12-08）[2022-07-03]. http://www.moe.gov.cn/fbh/live/2020/52735/sfcl/202012/t20201208_503998.html.

批教育、技能和人文交流品牌；推出一批具有国际影响力的专业标准、课程标准、教学资源。第五，强调德技并修，创新方式聘请技能大师、能工巧匠、非物质文化遗产代表性传承人等担任专兼职教师，[①]培养学生养成良好职业道德、职业精神和行为习惯。第六，创新中国特色职业教育科学理论，加强基础理论研究和实践探索，为职业教育发展筑牢理论根基。

二、世界职业院校技能大赛设立的重要意义

首届世界职业院校技能大赛旨在构建世界技能共同体，推动中国职业教育国际化发展，进一步巩固和强化职业教育类型特色，助力推动新时代职业教育高质量发展，探索建立技能大赛新的国际性赛事交流路径，丰富中国特色职业教育科学理论。

（一）搭建国际技术技能交流互鉴平台，增强职业教育话语权、主导权和影响力

世界职业院校技能大赛面向世界职业院校师生搭建技术技能交流互鉴平台，推动世界各国职业院校互相学习、汲取营养，共享世界先进职业教育发展经验与成果。以大赛为平台，分享中国职业教育经验与改革创新成果、高水平装备与技术，呈现中国传统技能文化，向世界展示中国特色职业教育、先进产业技术与高端装备、中华优秀传统文化等的时代魅力，推动中国职业教育迈向国际化发展新阶段，增强我国职业教育国际话语权、主导权和影响力。

第一，构建国际技术技能交流互鉴平台，推动世界各国职业院校交流互鉴。全球正处于时代变局，各国间的彼此联系和相互依赖空前加深，技术技能发展对世界各国经济发展、民生福祉具有深远意义，作为技术技能人才培养主体，职业教育的重要地位和作用越来越凸显。世界职业院校技能大赛旨在打造新时代职业教育国际交流合作的崭新平台，促进世界各国职业院校师生增进友谊、切磋技能、展示风采，促进和而不同、兼收并蓄的教育交流、技能交流与人文交流，探索构建世界技能共同体，推动世界各国职业院校交流互鉴、互相学习，倡导职业教育在开放中交流、包容中互生、创新中发展，推动全球职业教育朝着均衡、普惠、共赢、高质量的方向发展，让世界各国充分享有先进的职业教育发展成果。

第二，分享中国职业教育经验与改革创新成果，推动中国职业教育迈向国际化发展新阶段。首届世界职业院校技能大赛以新时代中国职业教育教学模式、教学标准、大赛装备、教学资源为支撑，在赛项规程、标准、装备、资源、试题等方面依托全国职业院校技能大赛，展现中国职业院校技能竞赛模式；试题设计融入天津职业教育实践的工程实践创新项目（EPIP）教学模式，突出中国职业教育改革创新和人才培养成果；赛项设置、组织、设计以鲁班工坊建设成果为核心要素，突出鲁班工坊为代表的国际职业教育知名品牌、中外人文交流重要平台建设成果，全面展现鲁班工坊在海外对当地国和周边国家的辐射效果。

第三，凸显中国装备与技术高水平发展态势，展示中国传统技能文化，呈现中国技术技能薪火相传。一方面，赛项设置聚焦新时代职业教育服务实体经济，选取机电一体化项目、智能产线安装与调试、工业机器人技术应用、碳中和可再生能源工程技术、信息技术应用创新、人工智能配网带电作业机器人、疏浚技术与疏浚装备等赛项，展示和分享中国在智能制造、新能源、新一代信息技术、疏浚船舶、航空航天等新兴产业及高技术产业的最新产业科学技术成果、产业装备及技能。另一方面，赛项设置立足展示中国传统技能文化，选取中医传统技能、中餐烹饪、中华茶艺等展演类赛项，以及中华非物质文化遗产手工艺展示项目，弘扬中华优秀传统文化融入职业教育全过程。通过技术技能展示呈现中国技术技能薪火相传，进一步向世界展示中国先进产业技术与中华优秀传统文化的时代魅力。

（二）巩固职业教育类型特色，加快推动新时代职业教育高质量发展

世界职业院校技能大赛进一步激发大赛对深化职业教育教学改革的"树旗、导航、定标、催化"作用，树立世界职业院校技能大赛旗帜，引导中国职业院校发展方向和重点，促进职业教育人才培养标准更新和升级，催化提升职业教育社会认可度，进而巩固职业教育类型特色，加快推动新时代职业教育高质量发展。

第一，立足赛事活动的国际性和引领性，树立世界职业院校技能大赛旗帜。首届世界职业院校技能大赛在借鉴、对标世界性技能赛事的基础上，结合世界职业教育发展趋势，融入中国职业教育改革创新经验与成果，大胆创新赛事组织与设计，力争办出世界水平的大赛，将世界职业院校技能大赛打造为世界职业院校师生增进友谊、切磋技能、展示风采的重要平台，助力跻身世界著名大赛行列，打造中国职业教育的亮丽品牌。

第二，定向中国职业教育未来发展，引导中国职业院校发展方向和重点。一是，首届世界职业院校技能大赛突出新时代职业教育服务实体经济，赛项设置紧密对接新科技驱动的战略性新兴产业、应用数字技术的智能制造产业、促进生态文明建设的绿色制造产业、满足美好生活需求的新型消费品产业等，展现职业教育的发展、顺应数字时代趋势、支撑制造产业升级、服务社会经济民生发展、落实碳达峰碳中和行动方案的重要方

向。二是首届世界职业院校技能大赛充分凝聚与展现鲁班工坊元素及特色，在参赛组队上，形成以鲁班工坊建设院校与工坊所在国合作学校为代表的世界各国职业院校师生"同比赛、共交流、齐分享"的崭新赛事；在赛项设置、组织、设计上，突出鲁班工坊为代表的国际职业教育知名品牌建设成果，展现拓展中外职业教育合作交流平台、推动职业教育走出去等打造中国特色职业教育品牌的重点工作。三是首届世界职业院校技能大赛展现未来职业教育与普通教育深度融合、殊途同归的发展趋势，响应世界职业技术教育发展大会设置"科学教育、工程教育"平行论坛，赛项设置航空航天展演项目，展示典型的工程教育项目成果与创新型工程实践项目，体现现代职业教育体系纵向升级延伸职业教育层级、横向与普通教育渗透融通的建设方向。

第三，聚焦技术技能人才培养，促进职业教育人才培养标准不断更新和升级。首届世界职业院校技能大赛赛事组织设计紧密对接职业教育发展定位，整合经济发展需求与个性发展需求，立足培养更多高素质技术技能人才、能工巧匠、大国工匠，更新和升级职业教育人才培养标准。推动"岗课赛证"综合育人，推广工程实践创新项目（EPIP）教学模式在职业院校中的应用。一方面，大赛促进教师转变和更新教学理念，将实际工作和课堂授课结合起来，引入企业真实项目案例开展教学，使学生主动适应就业岗位的技能要求，真正实现"岗课赛证"融通。[①]另一方面，大赛充分运用工程实践创新项目（EPIP）教学模式，从工程化入手，以实践性贯彻，引创新型风尚，推项目式载体，探索服务产业升级与社会需求，融入行业企业标准，坚持知技协进、德技并修、全面培养，实施赛项设计开

---

① 曾天山，陈斌.对标世界水平赛事引领职业教育高质量发展[J].中国职业技术教育，2021（12）：98-104.

发，着眼大赛教学资源转化，突出服务日常教学、引导专业建设。①

第四，是催化提升职业教育社会认可度，加快技能型社会建设。首届世界职业院校技能大赛设置能工巧匠展演单元，邀请技能专家、劳动楷模、大国工匠展示高新产业技术技能成果，展现大国工匠技能成才、技能报国的成长历程，大力弘扬劳动光荣、技能宝贵、创造伟大的时代风尚；同时大赛实施重奖，竞赛类赛项设置金、银、铜、优胜奖，展演类赛项设最佳表现奖、最佳创意奖、最佳组织奖和特别合作奖，并设立奖金制度，引导激励全社会共同关心、广泛支持、积极参与职业教育，把加快发展现代职业教育摆在更加突出的位置，②引导广大劳动者特别是青年一代关注技能、学习技能、投身技能，加快技能型社会建设。

（三）完善大赛标准规则体系，丰富中国特色职业教育科学理论

依据《全国职业院校技能大赛章程》，开设全国职业院校技能大赛国际赛暨首届世界职业院校技能大赛，基于14届（次）全国职业院校技能大赛的深厚积淀，立足中国职业教育发展模式与国际职业教育发展趋势，面向世界职业院校师生，打造新时代职业教育国际交流合作的崭新平台，有利于完善和拓展职业院校技能竞赛体系，并以世界水平赛事为标准，不断提高大赛的科学化、规范化、专业化、国际化水平，拓展我国职业院校技能竞赛体系，完善竞赛设计、组织实施等方面的标准规则体系，探索大赛与全国职业院校技能大赛、世界技能大赛的区别，丰富中国特色职业教育科学理论。

第一，完善和拓展职业院校技能竞赛体系。2008年首届国家职业院校技能大赛在天津举办，正式开始建设职业技能竞赛的国家体系。经过14年

① 吕景泉.工程实践创新项目EPIP解析[M].北京：中国铁道出版社，2021：166-167.
② 陈子季.坚定不移沿着中国式现代化新道路 推进我国职业教育类型发展[N].中国教育报，2021-08-04，（01）.

建设发展，大赛引领形成"校校有比赛，省省有竞赛，国家有大赛"的三级竞赛体系，"人人都参与、专业大覆盖、层层有选拔"，辐射网络使每所职业院校的师生都成为竞赛体系的真实主体。①世界水平是全国职业院校技能大赛的重要办赛目标，自办赛以来，积极鼓励国际学生、符合条件的国际选手参与比赛，包括邀请国外代表队作为正式参赛队参加全国职业院校技能大赛，以及组织"国赛"对接"世赛"职业院校国际赛事合作交流活动等。2022年，首届世界职业院校技能大赛的举办，面向世界职业院校师生组织开展技能竞赛活动，有利于完善和拓展职业院校技能竞赛体系，形成学校、省级、国家、世界四级竞赛体系，增进国际职业教育合作，共享先进职业教育人才培养经验。

第二，建立和完善赛事设计、组织实施方面的标准规则体系。一方面，完善赛事设计标准规程体系，坚持以赛促教、以赛促学、以赛促改的教育特色，合理借鉴世界技能赛事的理念和标准，对标世界先进水平，创新赛事设计。对接产业需求，突出中国元素，建立赛项设置标准，规划赛项设置方向和重点，完善赛项目录；根据赛项特点设置竞赛类和展演类两种赛项类型，拓展赛项类型；将工程实践创新项目（EPIP）教学模式融入赛题设计，完善赛题设计的职业教育教学特色；比赛、展示与体验三位一体，对赛项进行单元化的布局与设计，创新赛事设计理念。进一步完善赛项技术文件编撰、赛题设计、赛场设计、赛事咨询、竞赛成绩分析和技术点评、资源转化、裁判人员培训等竞赛技术工作的标准规则体系。另一方面，完善赛事组织实施标准规则体系。完善参赛规则及组队机制，突出职业教育国际合作项目建设院校办赛、参赛主体作用，明确国（境）外学校组队参赛的基本条件、标准、规则和程序；进一步完善高质量、高级别国

---

① 吕景泉.技能大赛解析[M].北京：中国铁道出版社，2021：18.

际赛事的奖项设置标准，以及承办地、承办校和合作企业遴选标准规则，组建符合世界职业院校技能大赛新的赛事要求的专家、裁判库，提升大赛的含金量和权威性。

第三，拓展中国职业院校技能竞赛模式与制度，丰富中国特色职业教育科学理论。职业院校技能大赛是新时期我国职业教育重大制度创新和中国特色职业教育科学理论的重要组成部分。举办全国职业院校技能大赛是天津市作为首个国家职业教育改革试验区建设的重要内容，教育部将大赛列为年度工作要点，不断完善制度设计，确保规范运行。大赛制度涵盖赛事组织机构、赛事筹备、竞赛过程、赛后工作，经历14届（次）全国职业院校技能大赛，丰富了我国职业教育的制度体系，使中国特色职业教育制度日趋完善。①同时，全国职业院校技能大赛资源转化不断推动职业院校改革创新，围绕比赛形成了一系列研究成果，丰富了中国特色职业教育科学理论。首届世界职业院校技能大赛，在全国职业院校技能大赛制度创新与理论建构的基础上，探索为人类命运共同体贡献技能力量，构建国际技术技能交流合作平台，进一步巩固职业教育类型特色，推动新时代职业教育高质量发展，丰富中国特色职业教育科学理论。

三、世界职业院校技能大赛的设计理路

（一）设计定位

1.创办首届高规格的世界性赛事

世界职业技术教育发展大会（简称"大会"）会议方案将世校赛定位

---

① 吕景泉.职业院校技能大赛——中国职业教育的制度创新.天津：天津人民出版社，2021：7-8.

于"打造成大会的品牌活动、促进中国职业教育走出去的重要抓手和国际职业院校师生增进友谊、切磋技能、展示风采的重要平台"。

2.中国职业教育高质量发展构建世界性话语权的难得机遇

世校赛依托鲁班工坊，集中展现中国职业教育改革创新系列成果，构筑以鲁班工坊国家品牌为标志的国际交流话语和平台，增强中国职业教育话语权、主导权和影响力。

3.将首届大赛办成"高起点，入主流，国际化，有特色"的赛事

世校赛是首届的、创新的、中国的、世界的，要做好整体设计与规划。站在增强中国职业教育话语权、主导权和影响力上去设计，站在打造大会的品牌活动上去设计，站在推进国家职业教育高质量发展和国际化发展上去设计，站在扩大鲁班工坊国家品牌影响力上去设计。

（二）设计立意

世校赛设计以习近平新时代中国特色社会主义思想为指导，深入贯彻党的十九大和十九届历次全会精神，深入贯彻习近平总书记关于教育和职业教育的指示批示精神，坚持产教融合、校企合作、工学结合、知行合一，坚持服务国际产能合作、对接中国企业走出去，以鲁班工坊为纽带，以中国教学模式、中国教学标准、中国大赛装备、中国教学资源为支撑，以"岗课赛证"为着力点，借鉴世界性和全国性技能赛事和重大活动，建立会赛一体、赛展一体的赛事机制，创新办赛模式，构建国际职业院校师生增进友谊、切磋技能、展示风采的重要平台，增进中外技术技能与人文交流，增强我国在国际职业教育领域的话语权、主导权和影响力。

首届办赛坚持适度规模、质量为先、办出实效，突出"四个更加"：

一是更加国际。在参赛组队上，立足"一带一路"沿线国家和地区，汇聚金砖国家、鲁班工坊所在国家及其他国家；在赛项组织方式、赛项选择上融入目前全球产业发展、生活方式变化，融入国际理念的建立、国际化思维的训练和国际视野的开拓；在赛项规程、场地设计上借鉴世界性重大赛事和活动，打造同场竞技、相互促进、切磋技能的国际大平台。

二是更加多元。在赛事组织方式上，集大赛、展示和体验三位于一体，坚持政行企校研五业联动，设立职业教育在中国减贫、绿色转型、重大工程等领域的成效，以及能工巧匠、大国工匠的参与性体验项目和中国优秀传统文化展演类项目，推动中国职业教育迈向国际化发展新阶段。

三是更加智能。在大赛场地设施设备、氛围营造、宣传形式上，借鉴世界智能大会的经验和做法，体现数字化、智能化。

四是更加中国。以大赛为载体，推出中国职业教育经验、中国职业教育模式，提升我国职业教育的影响力、感召力和塑造力。

（三）设计理念

1.构建人类命运共同体

伟大的时代产生伟大的思想，伟大的思想引领伟大的实践。构建人类命运共同体是党的十八大以来中国特色大国外交理论和实践创新成果之集大成，实现了历史使命与时代潮流的高度统一、民族精神与国际主义的高度统一、中国气派与世界情怀的高度统一。2017年"构建人类命运共同体"理念首次被写入联合国决议。世校赛设计坚持在"构建人类命运共同体"的宏大视野下，深入思考"建设一个什么样的世校赛，如何建设这个世校赛"这一重大命题。通过世校赛，推进我国职业院校和世界各国学校共同发展、持续发展、全面发展，为世界职业教育共同发展、交流互鉴做出贡献。"构建人类命运共同体"这一重大倡议为世校赛指明了设计和未来发展的方向，明确了如何传承中华优秀传统文化和智慧，开阔了赛事设计的崭新境界。

2."一带一路"倡议

中国国家主席习近平在2013年9月和10月分别提出建设"新丝绸之路经济带"和"21世纪海上丝绸之路"的合作倡议。共建"一带一路"是促进共同发展繁荣、推动构建人类命运共同体的重要实践。共建"一带一路"倡议核心理念已被写入联合国、二十国集团、亚太经合组织、上合组织等国际组织和多边机构重要文件。在世校赛的创办和发展过程中，紧紧围绕"一带一路"基本内涵、建设项目、项目成果、沿线国家、走出去企业等，设计大赛项目、赛项标准、组队方式，力争打造支持中国企业走出去、走进去的优秀技术技能人才选拔平台，与世界各国尤其是"一带一路"沿线国家分享我国职业教育成果的展示平台。

3.新发展理念

以新发展理念引领世校赛高质量发展。习近平总书记曾指出："高质量发展就是体现新发展理念的发展。"新发展理念是一个系统的理论体系，回答了关于发展的目的、动力、方式、路径等一系列理论和实践问题。新发展理念是一个整体，需要在贯彻落实中完整把握、准确理解、全面落实，把新发展理念贯彻到世校赛设计、筹划、实施和未来发展全过程和各环节。以创新、协调、绿色、开放、共享这五大发展理念为主线对世校赛进行谋篇布局，接续我国职业教育大赛制度创新，突出创新引领，对世校赛设计的环节、过程进行前瞻性思考、全局性谋划、战略性布局、整体性推进，努力办成高水平、高质量的职业教育国际性赛事。

(四) 设计原则

1.坚持国际性与开放性原则

世校赛从赛项单元、赛项设置到组队方式、参赛方式，再到场地设置、赛事标识、赛事宣传等，融入国际元素，邀请鲁班工坊所在国家及其他国家的职业院校，以及相关国际性组织积极参与，国内相关职业院校与相关单位深度参与。

2.坚持简约绿色共享原则

世校赛的组织体系、运行机制设计要体现简约高效、绿色可持续、共建共享的原则，办成精致、精彩的首届大赛。

3.坚持鲁班工坊特色原则

世校赛以鲁班工坊建设成果为核心要素，在大赛组织机构、文件体系等方面对接世界性技能赛事，在赛项规程、标准、装备、资源、试题等方面基于全国职业院校技能大赛，突出中国教学模式、教学标准、国赛赛项装备、教学资源等特色。

（五）设计思路

围绕大会"后疫情时代职业教育发展：新变化、新方式、新技能"主题，借鉴世界性赛事活动经验，赛事活动集大赛、展示和体验三位于一体，突出职业教育和相关领域技术技能发展全面支撑服务后疫情时代生产生活方式的巨大转变。在充分展现中国元素的基础上，体现赛事活动的国际性和引领性，在鲁班工坊建设基础上打造优质国际技术技能人才培养合作交流平台。以更加开放、更加包容的姿态努力打造一届数字化、智能化的赛事活动，充分体现绿色、共享、公平、合作的赛事活动主题，打造更中国、更创新、更富感召力和影响力的赛事。

（六）赛项选立

1.赛项类型

设立竞赛类和展演类两大赛项类型。由于大赛筹备时间有限，赛事须做到自主、可控、专业、精彩、特色。

2.赛项单元

比赛项目按赛项单元设计。每个赛项单元依托产业行业最新发展、国际产能合作、鲁班工坊和《职业教育专业目录（2021年）》等拟定。

竞赛类赛项分装备制造、电子与信息技术、交通运输、财经商贸、能源动力与材料等5个竞赛类赛项单元，拟设机电一体化项目等15个赛项。见表1—1。

展演类赛项分中国制造与中华传统文化、能工巧匠、非物质文化等3个赛项单元，其中国制造与中华传统文化赛项单元有中餐烹饪、中华茶艺等6个赛项，能工巧匠单元有人工智能配网带电作业机器人、疏浚技术与疏浚装备和航空航天3个现场展示，以及陶瓷工艺等12个非物质文化视频展示。

表1—1　首届世界职业院校技能大赛赛项设置

赛项类型	赛项单元		赛项名称	英文名称
竞赛类	装备制造	Equipment Manufacturing Events	机电一体化项目	Mechatronics
			智能产线安装与调试	Assemblage and Debugging of Intelligent production line
			工业机器人技术应用	Industrial Robot Technologies Application
			增材制造技术	Additive Manufacturing Technology
			无人机维修与应用	Reparation and Application of UAV
	电子与信息	Electronics and Information Technology Events	虚拟现实（VR）设计与制作	Virtual Reality Design & Production
			信息安全管理与评估	Information Security Management and Evaluation

续表

赛项类型	赛项单元		赛项名称	英文名称
			信息技术应用创新	Information Technology Application Innovation
			物联网技术应用	IoT Technology Application
			云计算	Cloud Computing
			通信网络管理	Communication IT Network management Administration
			迷宫机器人	Maze RobotMicromouse
	交通运输	Communication and Transportation Events	汽车技术	Automobile Technology
	财经商贸	Financial,Commerce and Trade Events	跨境电商	Cross—border E—commerce Skills Competition
	能源动力与材料	Energy Power and Materials Events	碳中和可再生能源工程技术	Carbon Neutral Renewable Energy Engineering Technology
展演类	中国制造与传统文化	Chinese Manufacturing and Traditional Culture Events	智能网联汽车技术	Intelligent Connected Vehicle Technology
			嵌入式技术应用开发	Embedded Technology and Application Development
			中医传统技能	Traditional Skills of Chinese Medicine
			中餐烹饪	Chinese Cooking
			中华茶艺	Chinese Tea Art
			5G通信网络布线	5G Communicaton Network Cabling
	能工巧匠	Skillful Craftsman	人工智能配网带电作业机器人	AI Robots for Operation in Distribution Network of Electricity

赛项类型	赛项单元	赛项名称	英文名称
		疏浚技术与疏浚装备	Dredging Technology and Equipment
		航空航天	Aerospace
非物质文化	Chinese Intangible Culture	蛋雕艺术	Egg Carving Art
		传统插花	Traditional Flower Arrangement
		潍坊风筝	Weifang Kite
		金钱板	Traditional Jinqianban Performance
		航海旗语	Flag Semaphore
		岭南御纸	Lingnan Imperial Paper
		芜湖铁画	Wuhu Iron Painting
		木刻水画	Woodcut Water Painting
		川剧变脸	Sichuan Opera face
		扎染工艺	Tie-dyeing Process
		贝雕工艺	Shell Carving Process
		陶瓷制作	Ceramic Production

3.竞赛类赛项

设定原则：

（1）突出职业教育支撑实体经济，服务中国制造。

（2）突出中国职业教育改革创新和人才培养成果。

（3）突出技能切磋、技术分享与人文交流。

（4）突出以"鲁班"为代表的工匠精神传承与发展。

赛场布置与赛项规程设计原则：

（1）突出赛项设置的逻辑性。实行赛项单元制，每个单元按产品逻辑、生产逻辑或应用逻辑组群。

（2）强化比赛内容的系统性。比赛试题通过工程化的案例、任务引入，通过实践性、创新型和项目式的模块组成真实、完整的比赛试题，全面考查参赛选手综合能力，提升选手全面发展和可持续发展的能力。

（3）增强赛项单元的故事性。每个赛项单元由产品、生产或应用为主线，将比赛与技能展示、体验融为一体。

（4）增强中外融合的融通性。赛项实行"手拉手"组队方式，以小组为单位进行比赛，每个小组由1支中国队和1支外国队组成，每个小组最终的比赛成绩为2支参赛队的平均分；或者每个小组由中国参赛选手和外国参赛选手混合为1支队伍参赛。

（5）增强办赛形式的开放性。比赛试题内容80%公开，技能展示与体验同步直播。在客观条件允许的情况下，向大中小学生、家长及关心职业教育的人士开放参观。

（6）增强中国职业教育的话语权。采用中国的教学模式、中国的教学标准、中国的赛事装备和中国的教育资源设置赛项，重点服务经济社会产业发展。

主要项目：

设立的竞赛类赛项共分为装备制造、交通运输、能源动力与材料、电子与信息、财经商贸等若干个赛项单元，机电一体化等15个竞赛类赛项。

4.展演类

技能是展示的主线。展出的两个时间背景分别为古代的中国和新时代的中国。

设定原则：

展演类赛项以"中华传统技能+文化"共创新时代美好生活为主题，通过技能展现从古至今中国技术技能薪火相传，体现古代中国的中华传统文化和新时代的中国欣欣向荣的美好生活。

主要项目：

（1）现场展演类：智能制造技术应用、嵌入式技术应用开发、5G通信网络布线、中医药康养技术及传统文化、中餐烹饪、中华茶艺。由天津市职业院校负责承办，组织国内外选手参加展演类比赛，突出展演的技能性。

（2）录播展示类：蛋雕艺术、传统插花、潍坊风筝、金钱板、航海旗语、岭南御纸、芜湖铁画、木刻水画、川剧变脸、扎染工艺、贝雕工艺、陶瓷工艺等，突出展示的文化性。

（3）现场展示类：人工智能配网带电作业机器人、疏浚技术与疏浚设备、航天航空等定向邀请，突出展示新时代大国工匠、能工巧匠。

展演形式：

（1）现场展演类：由天津职业院校负责承办，组织国内外选手参加展演类比赛，突出展演的技能性。

（2）录播展示类：通过全国征集的方式，提前制作成片，通过屏幕进行录播展示，突出展示的文化性。

（3）现场展示类：定向邀请科学家、大国工匠、能工巧匠本人或团队来津参加活动，突出展示新时代发展成就。

（七）参赛组队

参赛选手为教师和学生，采用中外选手"手拉手"组队方式，可师生混合组队参赛，或设置部分教师赛项。各赛项参赛队数量实行"一赛一策"。

四、世界职业院校技能大赛设立举办脉络

（一）大赛筹办阶段

1. 第一阶段大赛筹划设计：2022年1月7日—3月1日

（1）坚持科研思维和问题导向，高质量开展前期专题调研和研讨

①围绕世界职业院校技能大赛"是什么样的赛事""如何体现大会对大赛的定位""赛事特点应该是什么，与其他技能赛事有什么区别""大赛比的是什么""应该设置哪些赛项"等开展多轮专题研讨。

②立项天津市教育科学研究院2022年度重点课题。

③全面统计鲁班工坊建设情况，对鲁班工坊承建院校、合作中方企业、受建院校、教育层次、工坊标配、建设专业、受建国教育体系、获得荣誉、意义、科研成果等进行全面摸底。

④研发拟设赛项情况摸底统计表、国外参赛组队基本情况摸底统计表，与鲁班工坊建设的天津市职业院校进行交流、征询、沟通，确定鲁班工坊可纳入的拟定赛项。从专业大类、拟设项目名称、赛项分类（竞赛/展演）、鲁班工坊外方院校名称、在津设备台套数、国外设备台套数、可以对接世界性大赛说明、预计承办院校参赛选手数量、预计在津院校参赛选手数量、预计国内其他院校可参赛人数量、预计鲁班工坊所在国家参赛师生数、预计非鲁班工坊国家（与国内职业院校合作的）参赛师生数、可观赏性、存在困难及需要说明事项等17个方面对拟设赛项进行全面摸底。

⑤梳理国内外技能竞赛设置举办情况：重点围绕赛事组织、运行机制、组织架构等，梳理相关赛事，如中华人民共和国职业技能大赛、"一带一路"国际技能大赛、中国国际技能大赛、中国国际"互联网+"大学生创新创业大赛、世界技能大赛、德国技能大赛、澳大利亚技能大赛、俄罗斯技能大赛、美国技能大赛、瑞典技能大赛等。

⑥深入世界智能大会举办部门、职业院校、国家会展中心（天津）进行实地调研，学习世界智能大会办会做法和经验。

（2）集聚合力完成世校赛工作方案和赛项规程编制

①1月13日完成世校赛工作方案初稿编制。结合大会整体要求，确定筹备工作定位和原则、大赛立意主题、赛事组织形式、赛项设置、规程编写、工作进度、预算编制等。同期完成《首届世界职业院校技能大赛×××赛项规程模板》

②2月16日设计完成世校赛赛项规程初稿编制。围绕鲁班工坊开设专业，开展竞赛规程设计，确定竞赛内容、竞赛安排、竞赛方式、技术平台、竞赛设备、竞赛环境、人员须知、竞赛试题等。

2.第二阶段大赛准备推动：2022年3月2日—5月20日

（1）确定世校赛工作方案。

（2）编制世校赛实施工作方案。

（3）编制世校赛筹备重点任务清单和筹备工作推进图，包括赛事设计、赛项设计、制度设计、赛事培训、赛事报名、用品制作、指南制作、赛场准备、赛中组织、资料汇总等十个方面，共16项一级工作、116项二级工作任务，明确工作时间节点、责任单位和责任人。

（4）修改完善赛项规程。

（5）编制《首届世界职业院校技能大赛×××赛项线上比赛方案模板》。

（6）完成世校赛主视觉设计、场馆视觉形象设计，以及LOGO、证书奖杯、胸牌、赛务用品等设计稿。

（7）完成世校赛赛务系统开发设计及测试，5月15日正式投入使用。

（8）完成世校赛场地设计、比赛设备进场需求、设备要求、工位要求设计与规划。

（9）完成世校赛宣传视频短片脚本。

3. 第三阶段大赛组织推动：2022年5月21日—7月20日

（1）5月24日完成竞赛类和展演类各赛项线上比赛方案编制。

（2）完成世校赛开幕式、闭幕式设计稿。

（3）完成国家会展中心（天津）S9馆行动路线规划及讲解稿。

（4）协助世校赛执委会办公室完成大赛报名。

（5）完成赛区承办校和合作企业遴选及公布。

（二）大赛实施阶段

1. 第一阶段大赛实施推进：2022年7月21日—8月7日

（1）完成赛项指南设计。

（2）完成证书奖杯、胸牌、赛务用品、海报等制作。

2. 第二阶段大赛举办：2022年8月8日—20日

（1）8月8日—13日进行竞赛类和展演类线上比赛。

（2）修改完成世校赛视频短片制作。

（3）8月10日—16日完成国家会展中心（天津）S9馆比赛场地搭建。

（4）8月19日与世界职业技术教育发展大会同步，在国家会展中心（天津）S9馆举行首届世界职业院校技能大赛开赛式及展示比赛。

（5）8月20日举行首届世界职业院校技能大赛闭幕颁奖仪式。

第二章

世界职业院校技能大赛创新与实践

首届世界职业院校技能大赛坚持基于重大关键问题导向的创新设计，积极回应大会对世校赛的定位要求、职业教育对接实体经济、职业教育改革的最先进成果走出去、世校赛与其他技能竞赛的区别、中国传统优秀文化传承、提升和扩大职业教育影响力、推进职业教育国际合作与交流等问题；坚持职业教育国际化的前瞻性视野设计，依托鲁班工坊，在赛项类型、赛项设置、赛项单元、赛题、组队方式等方面进行了创新设计和大胆实践，实现了七个方面的创新。

　　◆创新性构建"同比赛、共交流、齐分享"崭新赛事，构建基于工程实践创新项目的比赛形式，构建技术技能延续融通的赛项单元群组，构建基于工程实践创新项目的赛题设计，组织线上赛场线下赛点的后疫情时代比赛，构筑以鲁班工坊国家品牌为标志的国际交流平台，多维度设立激励技术技能人才成长氛围。

　　◆迷宫机器人赛项应用于泰国、印度、印度尼西亚、巴基斯坦、柬埔寨、尼日利亚、埃及鲁班工坊。

　　◆智能产线安装与调试赛项应用于葡萄牙、马达加斯加、泰国、巴基斯坦、柬埔寨鲁班工坊。

　　◆机电一体化赛项应用于葡萄牙、巴基斯坦、乌干达鲁班工坊。

　　◆工业机器人技术应用赛项应用于葡萄牙、印度鲁班工坊。

　　◆碳中和可再生能源工程技术赛项应用于埃及、印度鲁班工坊。

　　◆物联网技术应用赛项应用于泰国、南非鲁班工坊。

　　◆通信网络管理赛项应用于柬埔寨、尼日利亚鲁班工坊。

　　◆增材制造技术赛项应用于南非鲁班工坊。

　　◆无人机维修与应用赛项应用于巴基斯坦鲁班工坊。

　　◆云计算赛项应用于肯尼亚鲁班工坊。

　　◆信息技术应用创新赛项应用于俄罗斯鲁班工坊。

◆汽车技术赛项和嵌入式技术应用开发赛项应用于埃及鲁班工坊。

◆跨境电商赛项应用于摩洛哥鲁班工坊。

◆智能网联汽车技术赛项应用于尼日利亚鲁班工坊。

◆中医传统技能赛项应用于马里鲁班工坊。

◆中餐烹饪赛项应用于英国鲁班工坊。

首届世界职业院校技能大赛2022年8月在中国天津成功举办。设有工业机器人技术应用、智能产线安装与调试等15个竞赛类赛项与8个展演类赛项。来自亚洲、非洲、欧洲、南美洲、北美洲等五大洲107个国家和地区的293所院校，207个团队的988名选手，以及489名指导教师参加比赛，受到世界各国职业院校师生广泛关注和好评。

一、坚持基于重大关键问题导向的创新设计

在整体设计上，首届世界职业院校技能大赛立足当前经济社会发展和职业教育发展，积极回应大会对世校赛的定位要求、职业教育对接实体经济、职业教育改革的最先进成果走出去、世校赛与其他技能竞赛的区别、中国传统优秀文化传承、提升和扩大职业教育影响力、推进职业教育国际合作与交流等七个问题，在赛项类型、赛项设置、赛项单元、赛题、组队方式等方面进行了创新设计和大胆实践，实现了七个方面的创新：

一是回应了大会对世校赛的定位要求，创新性地构建了会赛一体、赛展一体的赛事机制，在赛项类型设置、赛项单元布局、比赛试题设计、参赛组团方式、赛项评价方式等方面进行了创新，形成具有创新的首届赛事和品牌活动。

二是回应了中国职业教育对接实体经济，世校赛聚焦中国制造，以装备制造类及相关竞赛类赛项为重点，创新性地构建了以产品逻辑、生产逻辑或应用逻辑形成的赛项单元，将技能比赛、技能展示、技能体验融为一体。

三是回应了中国职业教育改革的最先进成果如何走出去，世校赛设计以中国原创首创的工程实践创新项目（EPIP）为教学模式，以教育部主导开发国际化专业教育标准为基本依据，以全国职业院校技能大赛优秀赛项

装备为主要载体，以师资培训先行及教材教学资源开发为必要保障，创新性地构建了基于工程实践创新项目的比赛形式，整体呈现走出去的中国职业教育教学模式、标准、装备与资源，将比赛、技能切磋与情感、思想交流融为一体，实现淡化锦标、形成中外参赛选手共同体的目标，全面展现鲁班工坊在海外对当地国和周边国家的辐射效果。如装备制造赛项单元在比赛场地通过空间布局，全面展现、展示葡萄牙鲁班工坊的教学场景、教学效果。

四是回应了世校赛与全国职业院校技能大赛和世界性的技能大赛有什么差别，创新性地将比赛打造成综合、多元、内涵、全面的比赛，不单纯地比技能，不单纯地比时间、速度、精度，创设在真实条件下的工程化、实践性、创新型、项目式竞赛环境和条件，全面展现中国职业教育对"知行合一"的理解和阐释。

五是回应了以中国"鲁班"为代表的中国技术技能与中国传统优秀文化传承，构建了以"中华传统技能+文化"为主线的展演类赛项组群。大赛在主会场整体构成竞赛类区域"今天的我们"与展演类区域"明天的我们"的呼应，展现出今天职业院校的学生未来将成长为大国工匠。

六是回应了提升和扩大职业教育影响力，对金牌、银牌、铜牌和优胜者进行重奖，营造尊重技术技能人才、重视技术技能人才、激励技术技能人才成长为大国工匠的浓厚氛围。

七是回应了中国职业教育主动出击、服务大局，世校赛聚集鲁班工坊和其他职业教育国际合作与交流已有建设成果，积极推进职业教育国际合作与交流，从参赛组队、报名流程、赛前训练、比赛流程、赛题设计、获奖等方面的设计环节上，立足国外院校更大范围参赛，增强世校赛的国际性。

二、坚持职业教育国际化的前瞻性视野设计

（一）创新性构建"同比赛、共交流、齐分享"崭新赛事

首届世界职业院校技能大赛创新组队参赛方式，开创性地实行"手拉手"融通组队方式。各赛项组织中外职业院校师生或学生组成参赛队伍，以队为单位组成中外选手参赛共同体，一同报名、一同训练、一同比赛、一同获奖，体现比赛的同心、共训、共享、共赢，增进世界职业院校师生的友谊构建、技术技能的切磋互动以及职业教育人才培养经验的交流互鉴，形成以鲁班工坊建设院校与工坊所在国合作学校为代表的世界各国职业院校师生"同比赛、共交流、齐分享"的崭新赛事。

"手拉手"组队方式分为两种，即中外联合组队或中外混合编队方式：

一是中外联合组队方式。比赛以联队为单位，即1个中国组和1个外国组联合组成一个参赛队。机电一体化项目、智能产线安装与调试、工业机器人技术应用、信息技术应用创新、云计算、汽车技术、碳中和可再生能源工程技术等7个竞赛类赛项采取中外联合的组队方式。赛前，中外参赛组共同组织和参与培训备赛活动；赛中，中外参赛组在赛题中的设计部分互相讨论、共同设计，在常规性、创新性技能操作部分独立操作，在交流部分相互交流和评价；赛中及赛后，对2个中外参赛组进行独立评分，联队的最终比赛成绩为2个中外参赛组的平均分。

二是混合编队组队方式。中国选手和外国选手混合组成一个参赛队。增材制造技术、无人机维修与应用、虚拟现实（VR）设计与制作、信息安全管理与评估、物联网技术应用、通信网络管理、迷宫机器人、跨境电商等8个竞赛类赛项采取混合编队的组队方式，中外参赛队员比例大致相当。赛前，中外参赛选手共同组织和参与培训备赛活动；赛中，中外参赛选手进行分工协作，共同完成赛题任务；赛中及赛后，对中外参赛选手混合组

成的参赛队进行统一评分。

首届世界职业院校技能大赛开创性地探索实施"师生同赛"。机电一体化赛项和工业机器人技术应用赛项由4名学生和2名教师组成参赛队，智能产线安装与调试赛项由2名学生和2名教师组成参赛队，中外师生同报名、同训练、同交流，增进友谊、切磋技能，同比赛、同获奖，共同展示风采。

（二）创新性构建基于工程实践创新项目的比赛形式

1.竞赛类与展演类的赛项类型设置，兼顾国际视野与中国元素

首届世界职业院校技能大赛赛项类型设置竞赛类和展演类。竞赛类赛项设装备制造、交通运输、能源动力与材料、电子与信息、财经商贸等5个赛项单元，共15个赛项；展演类赛项设中国制造与传统文化、能工巧匠、非物质文化等3个赛项单元，共8个赛项。

2.服务实体经济，响应制造强国、智能制造主攻方向

竞赛类赛项设置聚焦新时代职业教育服务实体经济，响应制造强国、智能制造主攻方向，顺应构建清洁低碳安全高效能源体系、经济社会发展全面绿色转型，实现信息技术领域的自主可控，保障国家信息安全，设置赛项包括机电一体化、智能产线安装与调试、工业机器人技术应用、虚拟现实（VR）设计与制作、信息技术应用创新、汽车技术、碳中和可再生能源工程技术等。这些赛项主要围绕高端装备制造业、新一代信息技术产业、新能源产业等知识技术密集、物质资源消耗少、成长潜力大、综合效益好的战略性新兴产业。以重大技术突破和重大发展需求为基础，对经济社会全局和长远发展具有重大引领带动作用。

3.体现新时代职业教育传承中华优秀传统文化，重视满足居民美好生活需求

展演类赛项设置体现新时代职业教育传承中华优秀传统文化，重视满

足居民美好生活需求。设置赛项包括中医传统技能、中餐烹饪、中华茶艺等展演类赛项，并在非物质文化赛项单元定向征集蛋雕艺术、传统插花、潍坊风筝、金钱板、航海旗语、岭南御纸、芜湖铁画、木刻水画、川剧变脸、扎染工艺、贝雕工艺、陶瓷工艺等视频展示项目，主要围绕中国传统技艺技能，弘扬中华优秀传统文化融入职业教育全过程，通过技能展演呈现中国技术技能薪火相传。

4. 呈现新时代职业教育涵养"劳模精神、劳动精神、工匠精神"，突出以"鲁班"为代表的工匠精神传承

展演类能工巧匠赛项单元呈现新时代职业教育涵养"劳模精神、劳动精神、工匠精神"，突出以"鲁班"为代表的工匠精神传承，定向邀请技能专家、劳动模范、大国工匠开展能工巧匠展示活动，凸显中国装备与技术高水平发展态势，营造尊重技术技能人才、重视技术技能人才、激励技术技能人才成长为大国工匠的浓厚氛围。竞赛类、展演类赛项参赛的职业院校师生与展演类能工巧匠单元大国工匠形成"今天的小匠"与"明天的工匠"的呼应，寓意职业院校学生未来成长为大国工匠。

链接：展示类项目——人工智能配网带电作业机器人

人工智能配网带电作业机器人项目"亮万家的蓝领工匠"张黎明，是国网天津滨海供电公司运维检修部配电运检室党支部副书记兼配电抢修班班长。工作30多年来始终奋战在电力抢修一线，被誉为电力抢修的"活地图"。曾荣获"时代楷模""改革先锋""最美奋斗者"等诸多荣誉称号，被誉为"点亮万家的蓝领工匠""创新型一线劳动者的优秀代表"。他牢记习近平总书记嘱托，成功研发出"第四代配网带电作业机器人"，打开了"黎明牌"机器人在能源领域应用的系列化研发推广的序幕，为天津制造立市注入澎湃动力。

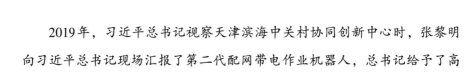

2019年，习近平总书记视察天津滨海中关村协同创新中心时，张黎明向习近平总书记现场汇报了第二代配网带电作业机器人，总书记给予了高度评价。

现场展示的是第四代配网带电作业机器人，它运用了三维环境重建、视觉识别定位、机械臂路径规划等核心技术，实现机器人自主识别引线、行线空间位置，完成抓线、穿线、剥线和搭火等工作，有效杜绝了传统人工带电作业中的人身安全风险，大幅降低了劳动强度，提升了作业质量。这款机器人最大的特点是智能化水平高，只需作业人员按"开始"键，便可自主完成带电接引流线作业。其具有三个创新亮点：第一，像人的眼睛一样准确，采用多传感器融合的定位系统，能实现对导线的精准识别定位；第二，像人的大脑一样思考，提出了基于层次网格划分的Q学习路径规划算法，自主规划作业路线；第三，像人的手臂一样灵活，采用六自由度电动机械臂，配合高精度末端作业工具，作业质量高，作业范围广，单相作业可在10分钟以内完成。

目前，配网带电作业机器人系列，成功获得该领域首个国际标准，在天津、北京、山东、浙江等20个省市开展现场应用。该机器人已实现产业化，贯通研发、制造、销售、服务全产业链条，具备每年200台产能，已签订销售合同金额总计12.46亿元，有效带动了人工智能领域高新技术企业发展。

链接：展示类项目——疏浚技术与疏浚设备

疏浚技术与疏浚设备项目全国技术能手张玉春，是中国交通建设集团有限公司天航局技能专家、首批中交集团大师工作室的领头人，也是天航局数十位疏浚技能人才的专业导师。先后获得天航局"技术能手"、中国交建"技术能手"、中国交建"三优"高技能人才、中国交建海南攻坚会战优秀个人、海南工程立功竞赛先进个人、中交疏浚"工人先锋岗"、优秀共产党员、中国交建"平安卫士"、全国技术能手等荣誉称号。1982年，年仅19岁的张玉春进入中交天津航道局有限公司，成为一名船舶水手。从最初的船舶水手、水手长，到后来的船舶驾驶员，勤学肯干的张玉春逐渐在公司里崭露头角。工作后，进入天航中专学习，毕业后继续在中交集团工作。先后主持船舶"绞刀油嘴改造""锚链止荡装置"等多项技术研发和技术改造。40年里从一线的船上操作岗位，到管理岗位，再成长为局级和部级的技能大师。

张玉春的成长得益于中交集团对技术技能人才的培养。在中交集团，凡是取得技师、高级技师的员工，都能拿到技能补贴，未来技术技能人才的待遇会越来越好。从技能工作室成立至今，他带了20多个徒弟，他们中有的获得了全国技术能手、全国"五一"劳动奖章、全国交通技术能手等荣誉称号。

疏浚业是关系国家经济发展和"海洋强国"建设的战略性高精尖产业。海上大型疏浚装备俗称"挖泥船"，是实施疏浚航道、吹填成陆、港口建设等工程建设的特种工程船，能挖掘海底各类岩土并同步远距离输送，像手术刀般对海底地貌进行精雕细刻，同时将切削下来的材料输送到远处进行二次利用，其结构复杂、技术含量极高。

以"疏浚技术与疏浚装备"为主题，以"疏浚产业服务国计民生的价值体现""疏浚装备实现国轮国造的百年历程""疏浚产业培育大国工匠的培养体系"三方面作为主线，全面展示了中国疏浚装备从引进到模仿再到自主研发建造的发展历程，以及以"天鲲号""天鲸号"为代表的高端疏浚装备参与"海洋强国"及"一带一路"建设所取得的重要成就。随着疏浚装备国产化进程不断推进，以"天鲲号"为代表的系列疏浚装备成功实施了远海岛礁、港珠澳大桥、天津港等国家重大战略工程，我国疏浚能力跃居世界第一，大幅提升了我国在世界交通基础设施建设舞台上的话语权和影响力。

5.展望现代职业教育体系纵向贯通、横向融通的发展未来，展示典型的创新型工程实践项目

展演类能工巧匠赛项单元中的航空航天展示项目，展望现代职业教育体系纵向贯通、横向融通的发展未来，展示典型的创新型工程实践项目，以及典型的高等工程教育成果项目。展现从脑机接口技术研发，到世界首套在轨脑—机交互在神十一、神十三、神十四实验应用，再到脑电分析的放大器、康复机器人等设备自主研发、生产和运维设备的全过程，呈现工程技术人才、技术技能人才等应用型技术人才的紧密关联。未来职业教育与普通教育不再是简单区分不同，而是科学精神、工程素养、工匠精神、项目实践的融入与综合。

链接：展示类项目——航空航天

航空航天项目展示了天津大学讲席教授明东开发的面向航天应用的脑机接口技术。明东教授是国家杰出青年科学基金获得者，首批国家优秀青年科学基金获得者，国家"万人计划"专家、中组部/科技部中青年科技创新领军人才，中央军委科技委脑科学主题首席专家，教育部科技委委员，教育部智能医学工程研究中心主任，卫健委国家健康医疗大数据研究院院长，天津脑科学与类脑研究中心主任，天津大学医学工程与转化医学研究院院长，获第24届中国科协求是杰出青年奖，多项成果入选国家"十三五"科技创新成就展。由他主持研发的相关技术在传输速度、微信号采集以及大指令集方面创造了三项无创脑机交互性能指标的世界纪录，处于国际领先水平。

脑机接口技术解决的是帮助航天员，尤其是航天员在舱外，身着航天服，操作受限的情况下实现对设备的便捷控制；脑机接口技术还可以实现对大脑状态的精准监测，实现自适应自动化的人机协作。明东团队研制的国际首套空间站在轨脑—机交互系统，是太空专用脑电采集设备，相关技术应用于"神舟十一号""神舟十三号""神舟十四号"载人飞行任务中。

由该项技术研制的全球首款脑机接口编解码专用芯片"脑语者"，作为"国之重器"科技成果代表入选国家"十三五"科技创新成就展。芯片中集成了明东团队二十年来深耕脑机接口的关键成果，实现了国际上最精准、最大指令、最快速、强交互的成果，形成了国际最大最全面的脑—机交互专利池，获第十九届中国专利奖和IEEE杰出贡献奖。

以脑机接口技术为核心，明东团队自主研发了"神工—谛听"脑电放大器系统、全球首台人工神经康复机器人系统"神工一号"，设计了面向手部康复的"灵犀指"系统和"神工—神甲"系列下肢康复机器人。这两项成果均亮相世界智能大会并获高度评价，分别入选了工信部与国家药监局"人工智能医疗器械创新任务"揭榜产品（全国前十）。

由脑机接口技术研发的相关设备在航天航空、康复医学等领域应用，这些设备的生产、使用、维护都与职业教育紧密关联，职业教育培养的技术技能人才承接着这些自主研发设备的生产、使用、维护维修以及设备使用过程中的技术提升。航天航空项目的设立，重点展现了顶端科技、工程实践领域与职业教育领域的链条式对接，充分体现了职业教育在尖端技术落地的最后一公里中的重大作用。该展示项目也寓意着未来职业教育与工程实践将会更加深入地对接融合，培养综合性的技术技能人才。

（三）创新性构建技术技能延续融通的赛项单元群组

1.单元化的赛项设计与布局，增强赛项单元故事性与呈现度

首届世界职业院校技能大赛将比赛与展示、体验融为一体，创造性地以产品、生产或应用为主线，对赛项及赛项中的比赛、展示及体验进行串

联设计和统一布局,单元化的赛场布局中赛项单元呈现真实、完整的产品生产、应用过程或服务供给、接受过程,增强赛项单元的故事性、互动性和呈现度。

2.挖掘多赛项间逻辑关系,构建多赛项的单元布局

多赛项的赛项单元化布局,以产品、生产或应用逻辑将多个赛项进行统一的单元布局,对多个赛项串联设计,呈现生产或应用过程。如机电一体化项目、智能产线安装与调试、工业机器人技术应用三个赛项进行单元化布局,在赛场中对三个赛项进行统一布局,三个赛项代表生产过程中系列功能不同、但相互关联的生产实践活动,通过赛场的设计与布置串联呈现三个赛项;信息技术应用创新、5G通信网络布线两个赛项进行单元化布局,在赛场中对两个赛项进行统一布局,通过赛题的设计、赛场的布置串联起两个赛项,呈现出5G网络从规划、光缆布线与基站搭建到机房布线、信创设备管理与维护、信创网络渗透技术与测试、网络安全运维管理的规划、布线、应用和安全管理全过程。

3.剖析单一赛项内在逻辑,构建单赛项的单元布局

单赛项的赛项单元布局,围绕比赛内容,设计技能展示内容及体验内容,以产品、生产、应用或服务供给、接受为主线,串联比赛、技能展示和体验环节,并进行相应的赛场设计,还原产品生产、应用以及服务供给、接受过程。如智能网联汽车技术展演类赛项的比赛内容为智能化模块及部件的安装、调试和故障排除,以及对智能网联汽车进行虚拟仿真测试及场地综合道路测试,在比赛内容基础上,该赛项还设计了智能网联汽车的试乘体验环节,还原了智能网联汽车安装、调试、测试再到用户试乘的过程。中医传统技能展演类赛项的比赛内容包括新生儿抚触、推拿按摩补肺固卫强体魄、古今交融客观诊断疾病、耳穴压豆治疗失眠、药膳的制作、药用植物插花、中药香囊的制作、八段锦等八个项目,在比赛内容基础上设计相应的体验内容，以"远古·现代·未来，中医传统技能护佑人类家园，构建美好生活"为主题，将八个项目串联起来，进行展演和体验。

（四）创新性构建基于工程实践创新项目的赛题设计

1.系统化的赛题设计，关注选手全面发展和可持续发展能力

首届世界职业院校技能大赛构建了基于工程实践创新项目（EPIP）的比赛形式，突破单纯技能比拼，创设工程化、实践性、创新型、项目式的竞赛环境和条件，全面考查参赛选手综合能力，提升选手全面发展和可持续发展的能力，整体呈现走出去的中国职业教育教学模式、标准、装备与资源。

2.创新性地将工程实践创新项目教学模式融入赛题设计

首届世界职业院校技能大赛将工程实践创新项目（EPIP）教学模式创新性地融入赛题设计。赛题主要包括四个部分：第一部分为设计部分，根据赛题制定任务书；第二部分为操作部分，按任务书完成技能操作部分；第三部分为创新部分，设置新的技术条件，在新的技术条件下完成技能操作；第四部分为交流部分，对设计理念、技能操作或参赛作品等进行交流、汇报和展示。整个赛题采用工程化、实践性、创新型、项目式的设计（工程化指基于真实的工作任务、场景、情境设计赛题具体内容；实践性指在技能操作部分，选手完成常规性的实践操作；创新型是通过设置故障、新的技术条件或新的技术要求等方式改变原有的技能操作条件或要求；项目式指选手间相互讨论、交流，协作设计并完成常规性和创造性的技能操作，达到共同的比赛目标），关注参赛选手的专业技术技能、创新能力、职业素养、团队协作能力、交流展示能力等全面发展和可持续发展能力。

例如，碳中和可再生能源工程技术赛项赛题包括工程实践操作、工程项目创新、工程项目展示三个模块。在工程实践操作模块融入了设计部分，在完成可再生能源工程项目的系统电气图纸设计基础上，进行设备安装与连接、单元模块软硬件设置、系统功能调试与故障排除等常规性技能操作；在工程项目创新模块，设置更高的技术技能要求，包括搭建光伏电站、风电场，设计与调试能源转换储存控制系统，调试与运行并网逆变控制系统，能源监控管理系统的运行优化等创新性技能操作；在工程项目展示模块，进行总结性汇报。选手可根据比赛任务书进行创新设计，遇到问题时协作解决问题，在实际工程中涵养劳动精神、工匠精神，培养创新发展能力。

工程实践创新项目（EPIP）教学模式融入赛题设计，旨在打造成综合、多元、内涵、全面的比赛，突破在时间、速度、精度等方面单纯的技能操作比拼，创设真实条件下的工程化、实践性、创新型、项目式竞赛环境和条件，关注参赛选手全面发展和可持续发展的能力，展现中国职业教育对"知行合一"的理解和阐释，呈现大赛与全国职业院校技能大赛、世界技能大赛的重要区别。

（五）创新性组织线上赛场线下赛点的比赛

首届世界职业院校技能大赛兼顾国内外实际情况，综合赛场条件、设备要求、网络速度、执裁监督等因素，根据国际标准、公平公正、协作配合、科学竞赛、强化质量、加强交流六项原则，实施线上赛场线下赛点的比赛。线上赛场线下赛点即各参赛队在规定地点设立和布置独立竞赛空间的比赛场地，每一个比赛场地为一个赛点，若干现场赛点通过网络连接，形成整体线上比赛。

（六）创新性构筑以鲁班工坊国家品牌为标志的国际交流平台

聚集鲁班工坊建设成果，与来自世界各国职业院校师生切磋、分享中国先进的教学模式、技术装备、教学资源，构筑以鲁班工坊国家品牌为标志的国际交流平台，增强中国职业教育话语权、主导权和影响力。

（七）创新性多维度设立激励技术技能人才成长氛围

建立了奖励奖金制度，对竞赛类赛项获得金牌、银牌、铜牌和优胜奖的参赛队实施重奖。同时，设置能工巧匠展演单元，展现技能成才报国历程，营造尊重技术技能人才、重视技术技能人才、激励技术技能人才的浓厚氛围。

三、突出以鲁班工坊为代表的国际合作成果

（一）鲁班工坊的实践与理论创新

1. 鲁班工坊的内涵属性①

鲁班工坊是天津职业教育国际化发展的重大成果，是依据"国家现代职业教育创新改革示范区"建设协议，在教育部指导下，探索优质职业教育走出去，服务"一带一路"倡议，配合国际产能合作，培养合作国经济社会发展急需的高素质技术技能人才，培养熟悉中国技术、了解中国工艺、认知中国产品的当地技术技能人才，为合作国青年高水平就业服务。鲁班工坊，是一种创新型职业教育国际化服务项目。

---

① 吕景泉.鲁班工坊的核心内涵——中国职业教育的国际品牌[J].天津职业院校联合学报，2020，22（01）：4.

鲁班工坊，是以"国家现代职业教育改革创新示范区"的建设成果为总体支撑，以平等合作、优质优先、强能重技、产教融合、因地制宜为重要原则，以"工程实践创新项目（EPIP）"为教学模式，以教育部主导开发的国际化专业教学标准为基本依据，以全国职业院校技能大赛赛项装备为主要载体，以"师资培训先行"及教材教学资源为必要保障，在境外创建实施学历教育和技术培训的合作机构。其核心目标，是培养适应合作国经济社会发展需要的高素质技术技能人才。

经过6年多实践，鲁班工坊已成为中国职业教育教学模式、专业标准、技术装备、教学方案与世界分享的实体化平台。

2.鲁班工坊的实践机理①

基于工程实践创新项目（EPIP）教学模式的探索与创立，天津职业院校构建了产业、行业、企业、职业、专业"五业联动"办学机制；基于国际化专业教学标准的研制与实施，形成了"核心技术技能一体化"专业标准开发机理；基于教育部、天津市主办14届全国职业院校技能大赛（国赛）的赛项设计、组织实施、成果转化，开发了"工程化、实践性、创新型、项目式"系列化综合实训课程，研制了一批双语教材与教学资源；基于中外合作办学项目的能力保障需要，系统实施了以工程实践为导向、以实践创新能力培养为目标的中外"双师型"职教师资培养计划；基于职业教育与技术培训的国际技术技能公共产品建设，创立了中国职业教育的国际品牌，取得了重大改革实践新突破。

① 吕景泉，李力.试析鲁班工坊实践与理论创新的逻辑机理、实现路径[J].天津职业院校联合学报，2022，07：4-5.

3.鲁班工坊的实践逻辑①

2015年7月，"提升职业教育国际化水平"成为国家职业教育改革示范区升级版建设的重要任务。9月，天津市教育委员会组建工作团队，启动国际合作"新"平台的项目谋划和方案设计。专注技术技能：选择了"鲁班"；体现教学做一体：选择了"工坊"。鲁班工坊由此得名。12月，研发工作取得进展，形成了项目建设目标、任务，制定了路径、内涵、模式和措施。鲁班工坊项目建设正式启动实施。

2016年3月，世界上首家鲁班工坊在泰国建成，天津职业院校相继在亚洲的印度、印度尼西亚、巴基斯坦、柬埔寨，欧洲的英国、葡萄牙、保加利亚，非洲的吉布提、肯尼亚、南非、马里、尼日利亚、埃及、科特迪瓦、乌干达、马达加斯加、埃塞俄比亚、摩洛哥等国，建设了鲁班工坊。

2018年9月，在中非合作论坛北京峰会上，习近平主席宣布，在非洲设立10个鲁班工坊，向非洲青年提供职业技能培训。12月，在里斯本，习近平主席见证葡萄牙鲁班工坊项目签约。鲁班工坊项目建设上升为重大国家行动。

2021年4月，第10个非洲国家的鲁班工坊，在非盟总部所在国埃塞俄比亚揭牌启运，标志着习近平主席提出的三年完成非洲鲁班工坊的国家性建设任务圆满完成。9月，在上海合作组织成员国元首理事会上，习近平主席提出，未来3年将在上海合作组织国家建成10个鲁班工坊；11月，在中非合作论坛第八届部长级会议上，习近平主席提出，中国将继续同非洲国家合作设立鲁班工坊。鲁班工坊项目建设开启了"聚焦中亚，继推非洲"的发展新征程。

---

① 吕景泉，李力.试析鲁班工坊实践与理论创新的逻辑机理、实现路径[J].天津职业院校联合学报，2022，07：4-5.

2022年2月，习近平主席在会见土库曼斯坦总统别尔德穆哈·梅多夫、塔吉克斯坦总统拉赫蒙、吉尔吉斯斯坦总统扎帕罗夫时，分国别具体提出中亚鲁班工坊建设重要论述。2022年9月，习近平主席分别在《人民言论报》《哈萨克斯坦真理报》发表署名文章，对中亚鲁班工坊建设做出重要论述。同月，习近平主席在分别会见乌兹别克斯坦总统米尔济约耶夫、哈萨克斯坦总统托卡耶夫、土库曼斯坦总统别尔德穆哈·梅多夫时，再次对不同国别的鲁班工坊建设做出重要论述。

鲁班工坊从方案设计到组织实施，从落地建成到优化布局，历经了整整七年时间（2015年9月至2022年9月）。亚洲的鲁班工坊建设，对于项目的品牌创建、策略优化及推广应用做出了基础性贡献。欧洲的鲁班工坊，是品牌创建进入推广应用的重要标志；葡萄牙鲁班工坊完美诠释其核心要义，是品牌创成的重要标志。非洲的鲁班工坊，是品牌要义的集中运用。着眼外交大局，关注政治安全、经济发展、资源禀赋、语言文化、教育现状等要素，天津职业院校与合作伙伴克服世界疫情影响，高质量完成重大国家任务。

4.鲁班工坊的贡献标度[①]

鲁班工坊项目建设，始终坚持其核心要义，完善其建设标准，优化其发展布局，拓展其办学内涵，遴选了大城技术学院、奇切斯特学院、塞图巴尔理工学院、艾因夏姆斯大学、埃塞俄比亚技术大学等一批优秀合作院校，联动了中土、中材、中联重科、华为、海尔、埃及泰达、英利集团等一批优质合作企业，对接了中泰高铁通运、中国—澜湄合作、中巴经济走廊、金砖投资项目、欧洲工业再造、亚吉铁道运营、中资工业园等重大合

---

① 吕景泉，李力.试析鲁班工坊实践与理论创新的逻辑机理、实现路径[J].天津职业院校联合学报，2022，07：4-5.

作项目，在境外"落地"建设了聚焦冶金建筑、铁道交通（高铁）、智能制造、机械电气、信息通信、中医中餐等领域49个专业；合作层次从中职、高职、本科到工程硕士。

优化布局，服务大局，品牌化实施20个鲁班工坊项目。亚洲项目落户泰国、印度、印度尼西亚、巴基斯坦、柬埔寨等5个国家，直接服务中国第一大贸易伙伴（东盟），服务印巴项目和中亚国家任务，中亚第一个鲁班工坊项目在塔吉克斯坦加速建设。英国、葡萄牙、保加利亚、俄罗斯等国家的项目形成了"东西南北"的空间布局；在葡萄牙、俄罗斯建设的智能制造、信息通信专业，彰显中国产品质量和产业技术优势，助力中国企业"深耕"欧洲。作为国家重大行动，在非洲已建成的鲁班工坊的国家，东部有埃塞俄比亚（非盟总部所在国）、吉布提、肯尼亚等国，西部有马里、尼日利亚等国，南部有南非、马达加斯加等国，北部有埃及（阿盟总部所在国）、摩洛哥等国，对接中非产能合作，服务非洲2063年愿景。

鲁班工坊中外建设团队获得多项合作国大奖，受到高度赞誉，如"诗琳通公主奖""国王奖""撒哈拉大骑士勋章"等；泰国哲仁先生获得中国政府"友谊奖"。英国鲁班工坊受邀为首相府新年招待会献艺，印度尼西亚总统佐科盛赞项目成效，吉布提总统盖莱出席项目启动，葡萄牙总理科斯塔出席项目签约。鲁班工坊中外师生联队在世界职业院校技能大赛斩获全部金牌的60%，鲁班工坊境外学历教育、技术培训与教学模式的师生综合满意度分别为91.7%、87.3%、87.5%。新华社、中央电视台、人民日报、BBC、CNC等国内外800余家媒体广泛报道。鲁班工坊已经成为对外交流的国家名片。

（二）工程实践创新项目教学模式

1. EPIP教学模式概述[①]

工程实践创新项目（EPIP），是工程（Engineering）、实践（Practice）、创新（Innovation）、项目（Project）四个关键元素的有机组合，其内涵是"工程化、实践性、创新型、项目式"。EPIP，是 Engineering Practice Innovation Project 首字母的缩写，其总称为工程实践创新项目（EPIP）教学模式。

EPIP是中国职业教育话语体系下的教学模式。它以中国职业教育实际为研究起点，体现继承性、民族性的立场主张，具有主体性、原创性的理论观点，彰显系统性、专业性的实践特色，构建起具有中国特色的院校办学思想、专业建设模式、课程结构体系、策略方法系统、标识品牌概念，形成职业教育的EPIP教育论、EPIP专业论和EPIP课程论。EPIP是结合技术技能人才培养的中国实际而创立的一种教学模式，是以实际工程为背景，以工程实践为导向，以能力培养为目标，以工程项目为统领的技术技能人才培养的教学模式。它是中国职业教育理论发展成果的具体化，也是中国职业教育实践改革经验的系统化。

EPIP教学模式把真实工程、真实世界、现实生活、实际问题搬入到职业学校，融入到专业，延伸到课程，解决了教学做一体化的工程化精度、实践性深度、创新型宽度、项目式整度问题，解决了产教真融合、校企真合作的内生内审标度问题，将构建一个"真实""完整"的教育教学新生态。在近十年的教育教学实践中，以《工程实践创新项目教程》为代表的一批教材及其他教学资源，激活了职业院校现有的教学理念、教学团队、

---

① 吕景泉.于兰平.工程实践创新项目（EPIP）的核心要义 [J].天津职业院校联合学报，2021，06：4.

教学设施、教学方案、教学管理、教学环境、教学考评等各种教育教学环节和要素。尤其是激活了天津机电职业技术学院、天津轻工职业技术学院、天津渤海职业技术学院等办学、教学和管理，也激活了职业学校教师。如天津机电职业技术学院的姜颖老师、刘勇老师，天津轻工职业技术学院的李云梅及她的教学创新团队，葡萄牙塞图巴尔理工学院鲁班工坊负责人约瑟马伽勒斯·卢卡斯等。形成了一批电气自动化技术、机电一体化技术、光伏工程技术、智能制造装备技术等专业和智能电梯、风光互补发电系统安装与调试、数控加工技术等课程应用EPIP教学案例。[①]

2.EPIP教学模式创建[②]

在世界职业教育领域，教学模式作为一种理论话语的表现形式和表达方式，影响和引导着职业教育教学的发展，如德国的"双元制"、澳大利亚的TAFE等。在中国天津，从近代工业的发端开始，实业教育、职业教育的教学模式探索一直不曾停止，并与时俱进，持续创新，形成了以工程实践创新项目（EPIP）教学模式为代表的、具有中国特色的职业教育教学模式话语体系。作为一定时代服务经济社会发展方式的职业教育教学模式探索、与时代精神和文化传统相呼应的表达范式，EPIP教学模式话语体系具有引领职业教育创新发展的重要价值。话语是"围绕中国重大理论和现实问题而展开的理论叙事、话语言说"[③]，职业教育教学模式话语构建与社会发展直接关联，以天津为代表的中国职业教育在不同历史时期，构建了与时代相适应的模式话语。天津职业教育在近代工业文明的摇篮中创立

---

① 耿洁.工程实践创新项目（EPIP）教学模式的逻辑演进与未来面向——试论中国职业教育的国际话语"EPIP教学模式"的创建创成[J].职业教育研究，2022，08：5-11.

② 吕景泉，李力.试析鲁班工坊实践与理论创新的逻辑机理、实现路径[J].天津职业院校联合学报，2022，07：4-5.

③ 陈曙光.论中国话语的生成逻辑及演化趋势[J].马克思主义研究，2016（10）：94-101.

了"工学并举"，在新中国成立初的工业建设中创立了"半工半读"，在改革开放后至新世纪第一个十年的工业东移战略中确立了"工学结合"，在新世纪第二个十年的现代工业体系建设中创立了"五业联动"。EPIP 教学模式基于深厚的历史实践，汲取墨子哲学、鲁班实践发明、黄炎培职业教育理论、陶行知"生活教育"理论精华，把"行为本""亲知""建教合作""生活即教育、社会即学校""千教万教教人求真，千学万学学做真人""知行合一"等付诸于当代职业教育实践之中而形成。①

EPIP 教学模式是鲁班工坊建设主线、核心内涵。2005 年，吕景泉教授创立"核心技术技能一体化"专业建设模式。2012 年，在长期开展中德、中西（西班牙）、中日、中加（加拿大）等合作项目的教学实践基础上，开展"创造性转化、创新性发展"实践与研究，将古今中外的相关教育理念、模式、经验在中国大地"耦"合，创建创成了"工程实践创新项目（EPIP）教学模式"。2012 年 11 月，出版《工程实践创新项目教程》（国家职业教育"十二五"规划教材）；2013 年 6 月，出版英文版，推广 EPIP 教学模式应用。2014 年，系统提出"五业联动"产教融合机理，完善了 EPIP 的应用层级。2020 年，国务院办公厅《关于推广第三批支持创新相关改革举措的通知》中明确指出，推进"五业联动"职业教育产教融合发展的新机制。"推广 EPIP 教学模式应用"，2020 年，写入《天津市教育现代化"十四五"规划》，2021 年，纳入部市共建《深化产教城融合，打造新时代职业教育创新发展标杆的意见》，2022 年，载入《中国职业教育发展报告（白皮书）2012—2022 年》。

---

① 耿洁.工程实践创新项目（EPIP）教学模式的逻辑演进与未来面向——试论中国职业教育的国际话语"EPIP 教学模式"的创建创成[J].职业教育研究，2022，08：5-11.

3. EPIP教学模式核心内涵①

EPIP，是以实际工程为背景和基础，以工程实践为导向和贯穿，以工程实践创新能力培养为目标和归依，以真实工程项目为统领的适合技术技能人才培养的教学模式。EPIP的核心要义是"54321"。

"5"是应用层级，扎根本土、院校办学、专业建设、课程改革、"知技素点"五个层级；"4"是四个核心要素，工程化、实践性、创新型、项目式；"3"是三种认知境界，"名"境界、"实"境界、"合"境界；"2"是核心点，真实、完整；"1"是宗旨，知行合一。《墨经》说："名实耦，合也。"EPIP的本质，是让"产教融合、工学结合、校企合作、知行合一"（习近平总书记提出职业教育要坚持四个"合"）真实"落地"。

4.EPIP教学模式研究与推广

EPIP是中国的教学模式。目前已出版了《EPIP职业教育教学模式——改造我们的学习》《EPIP教学模式——中国职业教育的话语体系》《鲁班工坊核心要义——中国职业教育的国际品牌》以及列选中宣部"中华文化走出去重点任务清单项目"等8部中外文系列专著，发表了EPIP专题研究论文（中外文）60余篇，以葡萄牙卢卡斯、泰国哲仁为代表的一批EPIP专家教师在世界各地开展了卓有成效的应用推广。

2017年，EPIP国际教育联盟成立。"发挥已建立的泰国、葡萄牙、埃塞俄比亚等国EPIP教学研究中心作用，给更多境外合作伙伴带去先进的教学模式"，载入《中国职业教育发展报告（白皮书）2012—2022年》。在首届鲁班工坊与"产教融合"国际论坛、世界职业技术教育发展大会上，来自十多个国家的二十多位学者完美演绎了EPIP应用成果。EPIP有力推动

---

① 吕景泉，李力.试析鲁班工坊实践与理论创新的逻辑机理、实现路径[J].天津职业院校联合学报，2022，07：4-5.

了海外的中国职业教育研究，提升了中国职业教育的国际影响力，是新时代中国职业教育的重大教学理论创新。2021年写入《教育部天津市人民政府关于深化产教城融合 打造新时代职业教育创新发展标杆的意见》"推广工程实践创新项目（EPIP）教学模式应用"，写入《天津市教育现代化"十四五"规划》。

（三）竞赛类和展演类赛项主体内容

1.机电一体化项目

鲁班工坊应用：葡萄牙鲁班工坊项目、巴基斯坦鲁班工坊项目、乌干达鲁班工坊项目

本赛项以模拟颗粒药品柔性填装自动生产线的装配、编程、调试、优化、故障检修及选手职业素养作为竞赛内容，覆盖机电技术应用、智能设备运行与维护、机电一体化技术、机电设备技术、工业机器人技术、电气自动化技术、智能制造装备技术、机械电子工程技术、自动化技术与应用、智能控制技术等专业的专项技术和核心技能。

2.智能产线安装与调试

鲁班工坊应用：葡萄牙鲁班工坊项目、马达加斯加鲁班工坊项目、泰国鲁班工坊项目、巴基斯坦鲁班工坊项目、柬埔寨鲁班工坊项目

本赛项以工业企业实施的工作任务为载体，完成智能产线机械部件的组装、电路安装（含通信网络）、气动部件及系统安装、PLC控制程序编写、工业机器人程序优化及调试、触摸屏使用、电机驱动器设置以及机电设备整体调试等工作任务。

3.工业机器人技术应用

鲁班工坊应用：印度鲁班工坊项目、葡萄牙鲁班工坊项目

本赛项涵盖工业机器人编程操作、维护管理、调试维修、视觉系统和

集成应用等领域的关键技术，涉及竞赛平台机械安装与电气连接、工业机器人参数设置与编程调试、机器视觉系统的流程调试、系统整体运行调试与优化，实现工件的自动出料、输送、缺陷检测、分拣识别、抓取定位、放料拼接、视觉成品评判、成品入库等智能生产全过程。

4. 增材制造技术

鲁班工坊应用：南非鲁班工坊项目

本赛项以专业技术人员根据市场需求进行产品创新设计，采用计算机模拟仿真设计方案，进而用3D打印技术实现样件制造以验证设计方案，同时能够装调打印设备作为工作任务背景，赛项设置拆装与调试、创新创意设计、3D打印工艺、作品展示以及职业素养模块。

5. 无人机维修与应用

鲁班工坊应用：巴基斯坦鲁班工坊项目

本赛项依据当前无人机装调检修、无人机飞行操控、无人机应用开发和无人机竞速飞行等领域的实际应用场景，重点考核无人机系统工程技术、无人机数据信息获取、无人机基于视觉识别应用开发、无人机基础装配维修等技术，与新一代信息技术相结合，以无人机系统选型、无人机装调检修（装、调、飞、修）、基于视觉识别技术的无人机自动河道巡查开发应用和无人机竞速飞行为内容。赛项以真实就业应用场景为背景，要求参赛选手在规定时间内采用执委会提供的无人机电子套件、飞控调参软件、无人机、应用开发机载计算机、分析处理软件获取相关成果。

6. 虚拟现实（VR）设计与制作

本赛项由VR项目设计、VR模型制作、VR引擎制作、运作交互制作、职业素养和安全意识五个模块组成。竞赛内容覆盖虚拟现实技术、计算机、数字媒体等众多专业的专项技术和专业核心技术技能，考查职业院校虚拟现实技术、计算机等相关专业参赛选手进行团队协作、信息化水平等方面的综合能力，展示参赛选手文明生产意识和团队合作精神。

7.信息安全管理与评估

本赛项重点考核参赛选手网络组建和安全运维、安全审计、网络安全应急响应、数字取证调查、应用程序安全和网络攻防渗透等综合实践能力。通过竞赛让参赛选手熟悉信息安全管理与评估项目的职业标准规范，检验参赛选手网络组建和安全运维、安全审计、网络安全应急响应、数字取证调查、应用程序安全和网络攻防渗透能力，检验参赛队计划组织和团队协作等综合职业素养，提升学生创新能力和实践能力培养，提升学生职业能力和就业质量。

8.信息技术应用创新

鲁班工坊应用：俄罗斯鲁班工坊项目

本赛项囊括信创产业底层软硬件产品的基础配置、IT系统国产中间件及应用软件的基本应用、网络安全法、等级保护2.0、密码学等专业知识与技能，涉及信创数据中心设备配置、系统管理与维护、网络渗透技术应用、网络系统安全策略部署、按照等级保护要求进行系统加固与信息保护、网络攻防对抗等关键实践环节。

9.物联网技术应用

鲁班工坊应用：泰国鲁班工坊项目、南非鲁班工坊项目

本赛项包括物联网项目实施方案设计、物联网设备安装与调试、物联网技术应用创新、物联网项目成果展示等4个模块。要求选手根据项目需求，利用专业工具和仪器设备，设计、安装、搭建、调试、配置、开发一套满足需求、稳定运行的物联网系统。

10.云计算

鲁班工坊应用：肯尼亚鲁班工坊项目

本赛项围绕社会岗位需求紧贴生产实际，从业务需求与工程应用环境

入手，开展私有云平台架构的规划设计，实现私有云、容器云平台搭建与运维，完成公有云服务申请与使用、企业项目应用迁移上云规划设计与实施、企业项目应用架构调优等竞赛内容。

11.通信网络管理

鲁班工坊应用：柬埔寨鲁班工坊项目、尼日利亚鲁班工坊项目

本赛项以5G新一代信息技术与行业应用为核心，以5G通信网络检测与智能网联车应用相结合为特色。通过参赛选手依据国家检测标准，完成5G通信网络配置、检测用例执行、仪器仪表操作、检测结果分析等综合任务环节，培养和考查参赛选手的专业基础知识、标准检测能力和实践操作技能等应用型人才所应具有的技能水平，进一步在5G典型应用场景——智能网联车中，完成系统构建、应用场景设计、应用流程开发、系统部署落地实施等环节，考查参赛选手工程实践和应用创新能力。

12.迷宫机器人

鲁班工坊应用：泰国鲁班工坊项目、印度鲁班工坊项目、印度尼西亚鲁班工坊项目、巴基斯坦鲁班工坊项目、柬埔寨鲁班工坊项目、尼日利亚鲁班工坊项目、埃及鲁班工坊项目

本赛项为虚拟仿真迷宫机器人和现实智能迷宫机器人分别在未知的迷宫中，进行遍历搜索，通过智能控制算法计算与评估出最优路径，以最快的速度从起点冲刺到终点的比赛过程。涵盖电子信息、通信技术、软件技术、嵌入式技术、机电一体化技术、人工智能、智能制造、自动化、机器人等专业领域中的关键技术。

13.汽车技术

鲁班工坊应用：埃及鲁班工坊项目

本赛项覆盖发动机机械系统的分解和装配，发动机零部件测量、可用性判断、故障排除及维修方式选择；整车充电与电源管理系统、仪表与警

告装置、灯光系统、无钥匙进入及一键启动系统、舒适系统、中央门锁系统、玻璃升降器系统、电动后视镜系统、雨刮、喇叭、车载网络系统的检测分析及查找故障点等。

14. 跨境电商

鲁班工坊应用：摩洛哥鲁班工坊项目

本赛项分为跨境电子商务视觉设计操作、跨境电子商务数据运营操作、跨境电子商务直播运营操作、进口跨境电子商务通关方案设计、进口跨境电子商务税费策划五个任务，旨在培养具备一定外语能力、电子商务技能和外贸业务知识，了解海外客户购物的消费理念和文化，熟悉主流的营销技巧，掌握跨境电商平台的运营策略，从事跨境电商的高素质技术技能人才。

15. 碳中和可再生能源工程技术

鲁班工坊应用：埃及鲁班工坊项目、印度鲁班工坊项目

本赛项涉及对可再生能源系统的安装、运行与调试、维护与故障排除等实践操作。基于"碳中和"的时代背景，立足于可再生能源广泛的产业需求与创新发展趋势，针对可再生能源形式的不同特点，结合行业最新的技术和标准，检验选手电气设计、安装部署、编程调试、系统维护等综合职业能力。

16. 智能网联汽车技术

鲁班工坊应用：尼日利亚鲁班工坊项目

本赛项覆盖智能化模块及部件的安装、调试和故障排除，智能网联汽车虚拟仿真测试，智能网联汽车场地综合道路测试。具体涉及环境感知、决策规划、控制执行、无线通信、车载网络等系统软硬件的装配、调试与标定，环境感知、决策规划、控制执行、无线通信、车载网络等系统软硬件的故障检测与排除，以及指定路线保障车辆自动驾驶。

17.嵌入式技术应用开发

鲁班工坊应用：埃及鲁班工坊项目

本赛项涉及嵌入式应用程序开发与嵌入式边缘计算应用开发，重点展示嵌入式微控制器技术及应用、传感器技术及应用、RFID技术及应用、无线传感网技术及应用、移动互联技术及应用、Android应用开发、机器视觉技术及应用、智能语音技术及应用、嵌入式人工智能与边缘计算技术应用等嵌入式技术核心知识与技能成果。

18.中医传统技能

鲁班工坊应用：马里鲁班工坊项目

本赛项依托中医传统康养理论与技能、园艺疗法、芳香疗法、积极心理学等基本原理，发挥"简、便、廉、验、绿色环保"优势，设计新生儿抚触、推拿按摩补肺固卫强体魄、古今交融客观诊断疾病、耳穴压丸、花果茶的制作、药用植物插花、中药香囊的制作、八段锦8个展演项目，普及辨证施治、未病先防等中医康养知识与技术。

19.中餐烹饪

鲁班工坊应用：英国鲁班工坊项目

本赛项以"健康饮食 共享生活"为主题，根据当前餐饮市场需求和发展趋势，以现场提供的烹饪原材料为基础，结合展演主题进行宴席设计，并在规定的时间内，完成包括4道凉菜、6道热菜、2道面点、1道果盘在内的整桌宴席制作。通过展现中华美食的色、香、味、形，打造高端、正宗的中餐宴席，以观、品、展呈现中餐烹饪的魅力。

20.中华茶艺

本赛项包括规定茶艺与自创茶艺演示，具体涉及指定绿茶玻璃杯泡法、红茶瓷盖碗泡法、乌龙茶紫砂壶双杯（品茗杯、闻香杯）泡法等3套基础茶艺，以及选手自行设定主题、茶席和背景、流程、音乐，并将解说、演示等融为一体的茶艺全流程。

21. 5G 通信网络布线

鲁班工坊应用：俄罗斯鲁班工坊项目

本赛项利用光纤传输技术、基站承载网技术、局域网技术和办公室/家庭网络技术，针对 5G 移动网络、物联网等应用，为电信和网络通信设计、安装电缆系统。具体包括完成 5G 网络规划、光纤熔接规范，小型 5G 发射塔光缆敷设、接续和 ODF 安装、承载网和核心网的模拟调试，布线系统施工、排故，5G 终端安装及运维等。

22. 人工智能配网带电作业机器人

由"时代楷模""改革先锋"国网天津滨海供电公司张黎明团队展演，重点展演团队研发的第四代人工智能配网带电作业机器人。机器人运用三维环境重建、视觉识别定位、机械臂路径规划等核心技术，实现机器人自主识别引线、行线空间位置，完成抓线、穿线、剥线和搭火等工作。配网带电作业机器人采用多传感器融合的定位系统，能实现对导线的精准识别定位；采用基于层次网格划分的 Q 学习路径规划算法，能够自主规划作业路线；采用六自由度电动机械臂，配合高精度末端作业工具，作业质量高，作业范围广，单相作业可在 10 分钟以内完成。

23. 疏浚技术与疏浚设备

由中交（天津）疏浚工程有限公司首席专家张玉春团队展演。重点展示钳工工具、绳结、编结、八股缆、钢丝绳插接、天鲲号、耙头、绞刀、耙平器等传统及现代的疏浚船舶装备与技术工艺。随着疏浚装备国产化进程不断推进，以"天鲲号"为代表的系列疏浚装备成功实施了远海岛礁、港珠澳大桥、天津港等国家重大战略工程，我国疏浚能力跃居世界第一。海上大型疏浚装备俗称"挖泥船"，是实施疏浚航道、吹填成陆、港口建设等工程建设的特种工程船，能挖掘海底各类岩土并同步远距离输送，像手术刀般对海底地貌进行精雕细刻，同时将切削下来的材料输送到远处进行二次利用，其结构复杂、技术含量极高。

24.航空航天

由天津大学医学部神经工程团队展演。脑机接口技术助力载人航天航空项目展演团队，天津大学神经工程团队是国内最先从事脑机接口技术研究的单位之一，深耕近二十年，突破了一系列无创脑机交互关键核心技术，其脑电识别精度、控制指令数量和信息传输率三项核心指标均达到国际最高水平。团队研制的国际首套空间站在轨脑机交互系统，圆满完成"神舟十一号"首次太空脑机交互试验、"神舟十三号"自适应自动化脑机操作系统，正在服务于"神舟十四号"载人航天医学实验任务。为我国载人航天工程的新一代医学与人因保障系统提供了关键科学依据与技术支撑，助力航空航天事业的发展。

四、首届世界职业院校技能大赛视觉形象设计过程

作为首届世界职业院校技能大赛，大赛的主色调、奖牌、奖杯、指南、海报等都需要体现办赛宗旨与赛事定位，工作团队在技术人员协助下，参照《万里江山图》《只此青绿》，综合充分挖掘，确定了青绿色主色调，形成渐变。这部分主要呈现的是设计过程稿，旨在记录设计的发展、变化。这些过程稿将会成为珍贵的记忆与记录，也对后续赛事的举办、设计提供有价值的参考。

（一）主视觉形象设计

首届世界职业院校技能大赛主视觉采用世界职业技术教育发展大会青绿主色，形成会、赛一体的整体设计。见附件1。

（二）主场馆及开闭幕式设计

首届世界职业院校技能大赛主场馆设置在国家会展中心（天津）S9馆。见附件2（图1至图11）。

（三）奖牌奖杯和获奖证书设计

金、银、铜奖牌为图文浮雕制作，刻有"世界职业院校技能大赛"中英文字和大赛LOGO；挂带以青绿为主色，中间内侧印有"世界职业技术教育发展大会"中英文字，两端分别印有"世界职业院校技能大赛"及LOGO、"TIANJIN—CHINA 2022"文字。见附件3（图1）。

获奖证书采用国际化风格。见附件3（图2）。

优胜奖奖杯取名为"乘风破浪"，造型为鼓起风帆的船只，寓意获奖者在技能大赛千帆竞渡、百舸争流中独树一帜。奖杯雕刻了天津城市建筑底纹，体现了地域特色。整体晶莹剔透，有良好的透光性和折射性。采用钻石切割技术，体现匠心品质。水晶基座雕刻大赛标识，沉稳简约。见附件3（图3）。

（三）吊旗和宣传海报设计

略。

（四）活动手册和赛项指南设计

略。

五、首届世界职业院校技能大赛成功实施特点

（一）大赛规格层次高端

首届世界职业院校技能大赛得到教育部、天津市的高度重视。教育部、天津市委市政府、中国职业技术教育学会等领导亲临现场调研，对大赛组织、赛项设计等提出要求。

世校赛组织设计坚持高起点高标准。由教育科研机构着手设计，以职业教育国际知名品牌鲁班工坊建设成果为核心内涵，以中国技能竞赛制度为支撑，起点和标准高，国际化程度高。

世校赛高规格成立了组织机构，保证赛事在全国范围内顺利推动。教育部牵头成立大会组委会大赛组，教育部职成司、国际司、教育部职业教育发展中心、中国交流协会等全程参与；天津市人民政府牵头成立大会组委会大赛组，天津市教育委员会、天津市教育科学研究院全程参与。同时成立首届世界职业院校技能大赛执行委员会、赛区执委会和赛项执委会。

（二）比赛类型形式多样

世校赛设置天津主赛区和江西分赛区，开设竞赛类赛项和展演类赛项，共23个比赛项目，其中竞赛类赛项15个，展演类赛项8个；除2个竞赛类赛项在江西外，其余均在天津赛区。比赛分为8月8日—13日线上比赛和8月19日—20日现场展示两个阶段。

（三）比赛主题内容丰富

世校赛设立装备制造、电子与信息、交通运输、财经商贸、能源动力与材料5个竞赛类赛项单元和中国制造与传统文化、能工巧匠、非物质文化3个展演类赛项单元。赛项设置突出服务实体经济和展现中国传统文化，

其中竞赛类赛项占65.22%，展演类赛项占34.78%；电子与信息类赛项占34.78%，装备制造类赛项占30.44%，传统文化类赛项占17.39%，交通运输类、财经商贸类、能源动力与材料类、能工巧匠类均占4.35%。见表2-1。

表2-1　首届世界职业院校技能大赛赛项数量与占比

类型及占比	赛项单元	赛项数量	占比
竞赛类65.22%	装备制造	5个	21.74%
	电子与信息	7个	30.43%
	交通运输	1个	4.35%
	财经商贸	1个	4.35%
	能源动力与材料	1个	4.35%
展演类34.78%	中国制造与传统文化	装备制造2个	8.70%
		传统文化3个	13.04%
		电子与信息1个	4.35%
	能工巧匠	1个	4.35%
	非物质文化	1个	4.35%

（四）参赛覆盖范围广泛

首届世校赛共有107个国家和地区参与，其中参赛国家和地区70个，参与国家和地区37个；参赛队207个团队，参赛选手988人，领队和指导教师489人。

（五）奖励奖金力度强大

15个竞赛类赛项共产生金牌、银牌、铜牌各15枚，优胜奖56枚，共计101个奖项；奖励每个金牌队50万元、银牌队30万元、铜牌队20万元，以及优胜队10万元。8个展演类赛项共产生最佳创意奖、最佳组织奖、最佳表现奖各1个，优胜奖27个，纪念奖26个，以及特别合作奖3个，共计

59个奖项。大赛共有27人被评为优秀指导教师。

（六）赛事宣传报道强劲

人民日报、中国日报、中国教育报、中央广播电视总台、中国教育电视台、人民网、新华网、天津日报、津云、天津广播电视台等媒体从8月8日线上比赛开始，对大赛比赛和开闭幕式进行了深入报道。据不完全统计，媒体报道大赛约388篇次，其中天津媒体报道大赛200篇次，津外媒体报道大赛188篇次。

首届世校赛的成功举办，主要得益于以下方面：一是教育部的统筹指导。教育部全程指导，对大赛的关键环节和重要节点精心组织、周密部署，确保大赛落实落地。二是天津市委、市政府的高位推动。大赛作为大会的重要组成部分，市委市政府多次听取专题汇报，30余次专题调度、现场指挥、检查指导，提出具体要求，协调调动各方资源，全面做好筹备、举办等工作。三是大赛各层级单位的通力协作。大赛成立了由教育部—天津市—承办院校三级组织架构，各方紧密配合，强力推进。四是天津市教育科学研究院全力支撑，举全院之力，组建7个工作组分类推进，8个部门各司其职，统筹推进、全面落实大赛各项重点工作和具体任务，凝聚了强大工作合力。

第三章

世界职业院校技能大赛赛项设计理路

3

首届世界职业院校技能大赛以工程实践创新项目（EPIP）教学模式为教育理论支撑，将EPIP"核心技术一体化""知、技、素"等创新理念运用于赛项规程的竞赛内容、竞赛方式、竞赛试题的设计中，创设基于"真实"的比赛现场、比赛情景，创设基于"完整"过程的"项目"，打造参赛选手实践与创新的竞赛条件和环境。本章赛项设计理路集中呈现首届世界职业院校技能大赛相关赛项初始设计文本，旨在呈现首届赛事由0到1的历程。

　　◆能源动力与材料赛项单元设计脉络汲取工程实践创新项目（EPIP）教学模式的先进理念，构建"基础素养+专业能力+国际化能力"的能力体系。

　　◆装备制造赛项单元充分融入了工程实践创新项目工程实践创新项目（EPIP）教学模式的核心元素，并以工程实践创新项目（EPIP）为内涵彰显服务产业发展的务实性。

　　◆电子与信息赛项单元基于真实完整的工程实践项目，模块化设计竞赛内容，竞赛内容来源于行业实际工程项目或产业紧缺人才需求。

　　◆交通运输赛项单元以工程实践项目为基础，设计竞赛模块，考查参赛队安全生产、组织管理、现场问题的分析与处理、工作效率等职业技能与素养。

　　◆财经商贸赛项单元以工程实践岗位技能为基础，设计竞赛模块，考察参赛选手的逻辑思维、合作沟通、时间管理、数据分析、业务运营、创新创业等综合能力。

　　◆在能工巧匠单元中，人工智能配网带电作业机器人以真实工作实践中的技术创新，展示能工巧匠技能报国故事；疏浚技术与疏浚设备以真实工作实践中的技术技能传承，展示能工巧匠技能成才故事；航空航天以真实工程实践中的顶端科技研发到落地全过程，展现顶端科技、工程实践与职业教育的链条式对接。

作为首届世界职业院校技能大赛，赛项规程与比赛试题是设计的关键。赛项以工程实践创新项目（EPIP）教学模式为教育理论支撑，将EPIP"核心技术一体化""知、技、素"等创新理念运用于赛项规程的竞赛内容、竞赛方式、竞赛试题的设计中，创设基于"真实"的比赛现场、比赛情景，创设基于"完整"过程的"项目"，从头到尾真实地做一个全过程的"完整"项目，使参赛选手去实践、去创新。同时，各赛项坚持促进中国职业教育走出去服务国际产能合作，使赛项规程成为汇聚国内外职业技术教育领域的标准、技术、装备、师生，构建国际职业院校师生增进友谊、切磋技能、展示风采的重要载体，通过技能比赛、展示、体验交流于一体分享我国职业技术教育最佳实践经验，提升我国职业技术教育在世界职业技术教育领域的影响力。本部分主要呈现的是首届世界职业院校技能大赛初始设计文本，旨在呈现首届赛事由0到1的历程。

一、竞赛类：装备制造赛项单元

竞赛类装备制造赛项单元包含机电一体化项目、智能产线安装与调试、工业机器人技术应用、增材制造技术、无人机维修与应用等5项赛项。赛项的设计、装备的选用、赛题的构建、评分的标准等环节充分融入了工程实践创新项目（EPIP）教学模式的核心元素，并以工程实践创新项目（EPIP）为内涵彰显服务产业发展的务实性。

（一）机电一体化项目

1.以工程实践项目为支撑，设计竞赛模块

赛项以模拟颗粒药品柔性填装自动生产线的装配、编程、调试、优化、故障检修及选手职业素养作为竞赛内容，覆盖机电技术应用、智能设

备运行与维护、机电一体化技术、机电设备技术、工业机器人技术、电气自动化技术、智能制造装备技术、机械电子工程技术、自动化技术与应用、智能控制技术等众多专业的专项技术和专业核心技术技能，考查职业院校自动化类、机械设计制造类、机电设备类等相关专业参赛选手进行机电一体化设备安装、调试、维护等方面的综合能力。

赛项以机电一体化智能实训平台为竞赛平台，3名参赛选手根据任务书的要求，完成空瓶上料、颗粒物料上料、物料分拣、颗粒填装、加盖、拧盖、物料检测、瓶盖检测、成品分拣、机器人抓取入盒、盒盖包装、贴标、入库等单元机械安装调试、气路连接、故障排除以及程序编写等任务，使各个单元连续稳定的工作。每个单元的工作内容对接实际生产任务的技术内容，可以检验选手对技术的掌握程度，所使用技术能够应用在工厂的设备调试、安装与改造等方面，能够培养为企业提供包括技术升级等需求的人才。

参赛选手在规定时间（共6小时）内，以现场操作的方式，根据赛场提供的有关资料和赛项任务书，完成基本赛项任务及综合赛项任务，具体的竞赛内容和成绩占比如下：

模块一：包含单元的机械安装与调试、单元的电气安装与调试、故障检修

（1）单元的机械安装与调试（15%）

参赛选手按工作任务书给定的机械装配图，完成设备中若干个单元或者模块的机械、气路等安装，并进行初步调试。

（2）单元的电气安装与调试（20%）

参赛选手按工作任务书给定的电气原理图、接线图，完成设备中若干个单元或者模块的线路连接，并进行初步调试。

（3）故障检修（9%）

针对预设在设备若干个单元中的典型故障，要求参赛选手正确选用检测工具，运用规范的检测方法，准确判断故障，排除故障。

模块二：包含单元的编程与调试、机电一体化系统编程调试与优化

（1）单元的编程与调试（30%）

参赛选手按任务书给定的设备功能要求，完成设备中若干个单元的PLC编程、触摸屏组态、工业机器人系统配置与编程调试、伺服驱动器和变频器参数设置等工作，能实现工作单元调试运行。

（2）机电一体化系统编程调试与优化（20%）

参赛选手按任务书的要求，完成触摸屏组态、系统网络通信设置与编程、系统优化编程与调试，以及系统性能、功能升级所需之必要的硬件改造和编程调试，实现系统的整体运行。

（3）职业素养与安全意识（6%）

考核参赛选手的安全操作规范，设施设备、工具仪器使用规范，卫生清洁习惯，穿戴规范，工作纪律，文明礼貌等表现。

2.基于真实完整的企业生产实践项目，考查培养参赛者专业技术能力

赛项模块设置源于真实的企业生产工作，由学校和行业共同协作完成，企业专家参与了赛项的筹备、命题、组织、技术支持等工作。赛题强调让参赛选手按照国家标准、国际标准、企业标准在规定时间内完成零件设计、组装、接线、编程、调试等生产任务，在竞赛中创设模拟的接近真实的工作情境，使学生置身其中，在完成竞赛任务的过程中获得过程知识、技能和经验。

结合企业生产实践工作的分析，将所需的专业技术能力分为三个层次：基础能力、技术能力、实战能力。基础能力主要指基础知识、基本技能、学习能力及科学与人文素养，实验操作部分强调工艺化；技术能力指在光、机、电于一体的现代机械系统中技术的专项能力，如应用可编程逻辑控制器技术的能力等，关键点是项目化；实战能力指综合应用各种专项技术的能力，如对机电一体化整个系统的装调维修能力，强调要企业化。这些专业技术能力在技能竞赛中均有体现，如可编程逻辑控制器技术的应用能力在电气安装与调试、机电一体化的比赛中是主要能力之一。

此外，赛项以企业生产岗位的标准考查参赛选手的分析问题、解决问题以及创新创造能力。在技能竞赛筹备阶段，通常会收集和整理国家职业资格标准，找出对应职业岗位的职业技能鉴定标准、职业素养、职业功能和特点以及职业技能考核的内容，然后加以分析。在制定竞赛规则、方案的过程中引领参赛选手主动了解市场需求，命题的内容既会以学校教学一线的要求为依据，又将竞赛方式、竞赛流程、竞赛设备等与生产岗位进行实际无缝对接。通过赛题的设置，引导参赛选手在真实的工作场景中，创造性地解决实际问题，增强参赛选手的创造力，增强"制造"向"智造"转变的内驱动力。

3. 基于国际工程装备，设计开发赛项设备

赛项设备集成了工业机器人、机器人视觉、自动检测技术、伺服控制技术等，紧随当今先进科技发展水平，源于产业主流且位于国际产业主流，是国际化装备的"精华版""浓缩版"。赛项设备的设计开发基于产业主流技术集群和工艺过程以及关键的企业问题清单，目的是使产业、行业、企业的真实场景、工作过程、技术技能需求融入赛项的框架思路设计、流程操作设计、业务实施设计等环节，体现了产业要求与赛项设计的适配。

机电一体化智能实训平台是一种典型的机电一体化产品，涉及机电一体化及相关专业的岗位面向包括电气控制系统安装、调试、维护岗位，所针对的职业工种为维修电工、装配钳工、机械设备安装工等。平台综合运用工业机器人应用技术、PLC控制技术、机器视觉技术、射频识别技术、触摸屏应用技术、通信应用技术、交流伺服应用技术、交流变频应用技术、传感器应用技术、气动控制技术、机械装调技术及机电一体化高新技术的综合应用。通过模块化的设计，每个单元可以单独安装、调试、运行，操作者可以从模块化到整个单元、从单机到联机、从简单到复杂得学习各种机电一体化技术。整个设备共有多个单元，通过不同单元配置形式可以得到多种不同功能设备，从而实现不同的教学内容。

该设备由颗粒上料单元、加盖拧盖单元、检测分拣单元、工业机器人搬运单元和智能仓储单元组成，包括了智能装配、自动包装、自动化立体仓储及智能物流、自动检测质量控制、生产过程数据采集及控制系统等，是一个完整的智能工厂模拟装置。应用了工业机器人技术、PLC 控制技术、机器视觉技术、射频识别技术、变频控制技术、伺服控制技术、工业传感器技术、电机驱动技术等工业自动化相关技术，可实现空瓶上料、颗粒物料上料、物料分拣、颗粒填装、加盖、拧盖、物料检测、瓶盖检测、成品分拣、机器人抓取入盒、盒盖包装、贴标、入库等智能生产全过程。

（二）智能产线安装与调试

以工程实践项目为支撑，设计竞赛模块

赛项设计以真实的工程实践项目为背景，为某公司急需设计一条智能产线，满足新工艺、新任务的要求，提高公司核心竞争力。作为系统集成公司的项目经理及工程技术人员，负责收集客户需求，搭建系统框架，根据相关技术文档完成设备设计、编程、调试，实现智能产线的自动运行。并且应用 RFID、机器视觉、机器人等技术对智能产线进行新一轮升级改造调试。

赛项以工业企业实施的工作任务为载体，通过完成智能产线机械部件的组装、电路安装（含通信网络）、气动部件及系统安装、PLC控制程序编写、

工业机器人程序优化及调试、触摸屏使用、电机驱动器设置以及机电设备整体调试等工作任务，展现参赛选手的职业素养和综合素质，检验参赛选手针对实际问题的分析和处理能力，以及工作组织能力和团队协作能力。

（1）工作内容

赛项对应的真实工作任务包括：

①按组装图组装智能产线和相关模块及部件。

②根据智能产线的电气控制连接电路，结合工作任务的要求实现设备的电气控制，并按实际情况绘制电路原理图；按设备的网络拓扑图连接网络，实现设备各部件之间的通信。

③按智能产线的气动系统图连接的气路。

④根据智能产线的工作说明和要求编写PLC控制程序，工业机器人程序优化及调试，设置变频器、步进驱动器以及伺服驱动器参数。

⑤制作触摸屏页面，设置通信参数，实现智能产线的人机交互。

⑥对智能产线进行调试，达到任务书规定的工作要求和技术要求。

⑦应用新技术，实现智能产线的智能制造技术升级，并完成相关方案撰写与展示。

（2）竞赛模块

比赛时间共2天，3个竞赛模块，参赛选手在竞赛项目指定的竞赛平台上完成比赛任务。

模块一：智能产线设计与实施，3小时。根据任务要求协同完成智能产线组装，主要包括机械部件组装、电路与气路安装、电机驱动参数设置等工作，完成PLC控制程序、触摸屏监控程序的编写与调试。

模块二：智能产线技术升级改造与优化，3小时。根据任务书要求，应用RFID、机器视觉、机器人等技术对智能产线进行智能制造的技术升级，并完成中、英文双语的设备技术升级的展示汇报PPT制作。

模块三：智能产线展示与汇报，2.5小时。对智能产线的技术升级方案进行PPT汇报展示，对裁判专家提出的问题提进行交流解答。

（三）工业机器人技术应用

以工程实践项目为基础，设计竞赛模块

赛项竞赛模块取自工业机器人真实的工业应用场景，融合了PLC、机器视觉、工业机器人示教编程、变频控制、伺服控制等近10种智能制造先进技术，竞赛过程与工作过程对接。参赛选手在规定时间（1天，每个模块半天连续3个小时，共6小时）内，以现场操作的方式，根据赛场提供的有关资料和赛项任务书，完成竞赛平台机械安装与电气连接、工业机器人参数设置与编程调试、机器视觉系统的流程调试、系统集成与联调，使各个单元连续稳定的工作，实现工件的自动出料、输送、缺陷检测、分拣识别（颜色形状）、抓取定位、放料拼接、视觉成品评判、成品入库等智能生产全过程。不仅考查参赛选手的专业能力，同时考核参赛选手的团队合作能力、工作效率、质量意识、安全意识、职业素养等。

模块一：机械电气、工业机器人和视觉系统的安装调试及编程操作

（1）机械安装与电气连接

参赛选手按任务书要求，完成系统中机械部分安装与调试、控制系统的安装与调试、机器视觉系统的安装，重点考查选手安装接线实践能力。

（2）工业机器人的参数设置与编程调试

参赛选手按任务书要求，完成工业机器人的坐标原点、通信接口、工业机器人运行轨迹规划、输入输出信号控制、逻辑处理、点位示教等参数的设置与示教编程内容，重点考查选手对工业机器人编程软件的使用、联机调试的技能、工业机器人常用指令的应用能力和对工业机器人示教器的使用和手动控制机器人的能力。

（3）机器视觉系统的流程调试

①相机的接线与调试；

②镜头的选型、安装、调焦；

③光源的选型、安装、接线和控制；

④设备故障检修。在设备某个或者多个单元设置故障点，要求参赛选手正确选用检测工具，运用规范的检测方法，准确判断故障，排除故障。

模块二：系统集成和联调

（1）系统集成

参赛选手按任务书的要求，完成系统编程与调试，包含：

①立体仓库出料；

②视觉物料识别分拣（缺陷检测剔除及摆放，颜色识别）；

③物料识别定位抓取；

④机器人物料摆盘；

⑤成品图像识别；

⑥成品入库。

（2）联调

使系统运行更稳定、更高效，设备综合运行效果符合任务书描述的具体要求。

（3）职业素养与安全意识

竞赛现场考查参赛队组织管理、团队协作、工作效率、质量与成本控制等职业素养及安全意识。

（四）增材制造技术

1.以工程实践项目为基础，设计竞赛模块

赛项设计基于增材制造设备操作员以及智能制造行业中的数字化设

计、设备操作与维护等典型技能型人才岗位，以一个结构和功能完整的机械设计方案为主线，将增材制造设备装调维护、数字化产品结构设计、增材制造工艺贯穿其中，涵盖了增材制造技术典型工作任务的内容与要求。

赛项竞赛内容针对当前增材制造、汽车及模具制造等先进制造类企业，在生产实际中如何实现产品数字化快速制造与测试的问题，围绕增材制造设备装调、数字化创新创意设计和3D打印快速制造三部分特色内容设计赛项模块，将应用最为广泛的熔融堆积和光固化两类3D打印工艺方法融合其中，要求参赛选手依据赛题要求，设计比赛方案，并通过计算机仿真机构运动，优化模型结构，进而结合3D打印工艺将设计方案转化为实物模型，完成功能测试。同时赛题还强化创新意识和技术技能相结合，加入了创新设计不同风格的产品和作品内容，选手在比赛过程中需要不断优化设计，最终制作出符合比赛要求、蕴含创新创意的实物成品。

模块一：拆装与调试（3小时）

现场比赛前，参赛选手根据样题中样件图纸（与真题图纸一致）要求完成该模块拟打印的样件的三维数字模型设计，并编制一份演示文档，展示建模思路。

现场比赛期间，参赛选手根据赛场提供的组装图（装配图和电气控制原理示意图），利用赛场提供的3D打印设备模组套件（设备1），按照正确的装配工艺，合理选用工具、量具，完成3D打印机的机械装配、控制系统的器件安装和电路连接。对完成装配的3D打印设备进行调试，达到任务书规定的工作要求和技术要求。

参赛选手根据赛场提供的预先设置故障的3D打印机（设备2），描述故障现象，说明排除故障方式且规范填写相应表格，并正确无误的维修该设备。

按照任务书和图纸要求，使用设备1、设备2，完成赛前完成的样件数字模型的打印，并补充完善演示文档。

模块二：创新创意设计（3.5小时）

现场比赛前，参赛选手根据发布的样题完成初步的设计，并将设计思路、创意点、主要建模过程等编入演示文档。

现场比赛期间，正式题目在样题基础上，具体参数有所改变，由参赛选手在初步设计的基础上完成差异部分的修改。考虑时差因素，不在国内比赛的国际选手按北京时间提前12小时发布正式比赛赛题。

本模块包含4个任务，以任务书形式公布。具体要求如下：

（1）创新创意设计

根据给定的情景或者任务要求，设计解决问题的产品创意方案。主要考查参赛选手综合运用所学专业知识分析问题、解决问题能力，并利用先进技术表达设计方案的技能。

（2）机构设计

根据任务书要求和创新设计理念及机械原理、机械设计等专业知识，结合3D打印制造工艺特点，设计产品内部运动机构。主要考查参赛选手综合设计能力。

（3）外观造型设计

参赛选手围绕所设计的运动机构，完成相关的零部件三维建模，并围绕运动部分的模型，设计并完成产品外观结构三维建模，形成最终产品。考核参赛选手在满足功能性要求下，造型是否美观、曲面是否饱满光顺、整体是否符合人机工程学，以及是否结合3D打印制造工艺特点进行一体化结构（零件集成制造）设计的能力。

（4）运动仿真设计

根据完成的产品数字模型，进行产品的运动仿真设计。主要考核参赛选手在仿真机械运动过程中对整体产品的外观以及运动、装配关系的综合处理能力。

模块三：3D打印工艺（1.5小时）

参赛选手根据创新创意设计模块完成的产品三维模型数据和赛场提供的3D打印机及软件，对该产品进行参数设定和加工，并结合打印过程和结果，进一步完善本次比赛的演示文档。

主要考查参赛选手利用3D打印机以最佳路径和方法在规定时间内高质量完成指定的一体化结构（零件集成制造）的加工任务，并考查选手3D打印模型后期处理等方面的能力。

模块四：作品展示

结合模块一至三的完成情况，完善演示文档，使内容能够展示参赛队在每个模块的思路、创意和获得的结果，最终作为一项比赛作品提交。

模块五：职业素养

主要考查参赛选手在本竞赛过程中的以下方面：

（1）设备操作的规范性；

（2）工具、量具的使用；

（3）现场的安全、文明生产；

（4）完成任务的计划性、条理性以及遇到问题时的应对状况等。

2.采用技术先进且应用广泛的工艺设备

赛项采用3D打印技术应用最为广泛的熔融堆积（FDM）和SLA—DLP两类工艺设备，均来自技术领先的中国企业，是具有国际影响力和参与鲁班工坊建设的国产增材制造设备制造商的主流产品。熔融堆积（FDM）型打印机可以实时将PLA塑料丝材融化后再堆积到打印件上，获得模型具有较好的强度，光固化打印机采用紫外光来照射光敏树脂，实现逐层的固化成型，成型精度高，打印速度快，能够获得复杂模型的快速试制。除FDM打印设备外，还采用了光固化打印设备，此类设备和工艺方法精度高，在汽车、模具等工业领域已经得到广泛应用，通过光固化打印制造，可以在液态树脂中实现复杂模型的精密制造，本次比赛中采用光固化制作结构复杂的风扇外壳、防护罩等零件，充分体现了光固化设备和工艺方法的制造优势。本次比赛将两类3D打印方式融合在一块，能够获得表面美观，内部结构牢固的产品模型，展示增材制造工业应用的特色产品，体现了增材制造技术国产装备技术水平。

（五）无人机维修与应用

1.以工程实践岗位技能为基础，设计竞赛内容及评分权重

赛项来源无人机行业应用，联合大疆创新科技有限公司等无人机行业世界龙头企业，将行业最前沿的技术、最实用的岗位技能融入赛项竞赛内容。针对市场无人机行业发展的趋势和人才需求，旨在培养和提升学生选手的飞行操控、组装调试以及细分行业应用操作能力，重点参考《无人机装调检修工国家职业技能标准》《无人机驾驶员国家职业标准》中关于高级技术工人及技师部分应知应会知识与技能。

赛项重点检验参赛选手在旋翼无人机构型选配、组装调试、飞行操控、基于视觉识别技术的应用开发等方面的知识和技能。要求参赛选手具备旋翼无人机构型选配、部件安装、电气连接、功能调试、运行维护、飞行操控、二次开发等方面技能操作能力、技术创新能力、应用分析能力和职业综合素养。

赛项竞赛时间为5小时。各参赛队在规定的时间内，以现场操作的方式，根据赛场提供的有关资料和赛项任务书，完成本赛项比赛任务，选手根据任务情况自行分工。竞赛内容和评分权重如下：

任务一：无人机组装与调试（本项任务分值权重40%）

按任务书要求，利用提供的无人机组件，通过使用设备、工装和工具完成旋翼无人机的设计、组装与调试工作；针对无人机动力系统、控制系统、通信系统、起降系统及载荷系统，使用相应软件，完成各子系统调试，使其达到飞行标准，能够实现任务书要求的物品抓取、运输与定点投放功能。

任务二：无人机飞行操控（本项任务分值权重20%）

按任务书要求，在飞行验证场地使用遥控器操控无人机，完成起降点起飞，定点抓取物品，按规定路线穿越障碍，物品定点空投，起降点安全降落等规定操作。

任务三：无人机应用开发（本项分值权重30%）

按任务书要求，利用提供的无人机二次开发平台，通过对视觉传感器的参数调试和功能调用，实现无人机的全程自动追踪监控飞行功能。

任务四：职业素养与安全意识（本项分值权重10%）

竞赛现场考查参赛队组织管理、团队协作、工作效率、质量与成本控制以及规章程序与安全意识等职业素养。

任务五：附加科目（本项分值设定为10分）

按任务书要求，在完成规定的比赛任务后，在整体时间内，可选择在高难度赛道使用遥控器操控无人机完成指定飞行任务，为高水平队伍或个人提供展示平台。

2.融入真实的工程实践应用场景，进行赛题设计

赛题选取无人机河道巡检应用场景，在指定的区域范围内，利用无人机开展排污口巡查，并针对可能存在的排污点进行水质取样，为后续的执法取得证据，保护生态环境。围绕无人机装调检修、无人机飞行操控、无人机应用开发和无人机竞速飞行等实际应用场景，重点应用无人机系统工程技术、无人机数据信息获取、无人机基于视觉识别的应用开发、无人机基础装配维修等技术，与新一代信息技术相结合，完成无人机系统选型、无人机装调检修（装、调、飞、修）、基于视觉识别技术的无人机自动河道巡查开发应用和无人机定点取水等内容。赛题的设计充分重视人工智能技术的嵌入，探索性加入了参赛选手利用人工智能学习技术，开发基于无人机自主飞行的排污口监测技术，即通过智能学习，解决"无人机在指定范围内对特定形状的排污口进行自主识别、自主拍照取证，实现河道巡检的人工智能化"问题。赛项采用的无人机、人工智能学习平台都是目前行业领先、应用范围广的平台，竞赛中参赛选手开发的人工智能方法可真实应用于无人机河道巡查。

二、竞赛类：电子与信息赛项单元

竞赛类电子与信息赛项单元包含信息技术应用创新、物联网技术应用、云计算、通信网络管理、迷宫机器人、虚拟现实（VR）设计与制作、信息安全管理与评估等7项赛项。各赛项充分依托产业链上下游企业的用工需求，基于真实完整的工程实践项目，模块化设计竞赛内容，竞赛内容来源于行业实际工程项目或产业紧缺人才需求。采用并列式或递进式模块化设计，将工程应用场景中所需的产业链上下游核心技能整理成单独模块，各模块组合体现核心岗位对人才技能的复合要求；或将工程应用场景分为基础模块、进阶模块，立体展示相关行业的工作流程，相关岗位人才的纵向技术发展路线。

（一）信息技术应用创新

1. 以工程实践岗位技能为基础，设计竞赛内容

赛项根据信创产业人才需求，在信创背景下，加入对人工智能应用技能的考核，着重体现人工智能与网络安全在信创领域的综合应用。重点考

核参赛选手信创数据中心机房综合布线、信创设备搭建、信创系统管理与维护、信创网络渗透技术与测试、网络系统安全策略部署、按照等级保护要求进行系统加固与信息保护、网络安全运维管理等综合实践能力，具体包括：

（1）参赛选手能够根据业务需求和实际的工程应用环境，实现信创机房综合布线、信创设备搭建、信创服务器的连接，通过调试，实现设备互联互通。

（2）参赛选手能够在赛项提供的信创网络设备及服务器上配置各种协议和服务；能够根据需求利用Python语言编写相关的运维程序，以实现对网络的管理，确保信创网络系统的高效运行；能够根据网络业务需求配置各种安全策略，组建网络以满足应用需求。

（3）参赛选手能够根据网络系统实际运行中面临的安全威胁，按照等级保护要求制定安全策略并部署实施，实现系统的加固，防范并解决网络恶意入侵和攻击行为。

（4）以参赛队为单位进行信创安全对抗，在防护本参赛队服务器的同时，渗透其他参赛队的服务器，服务器被渗透的参赛队将被扣除相应分数。比赛结果通过大屏幕等平台在休息区实时展示。

（5）人工智能在信创安全中的应用。运用各种机器学习算法，包括回归分析、聚类分析、时间序列分析、神经网络等，构建一个用于识别恶意URL的系统，以及用于检测欺诈性的电子邮件、垃圾邮件、网页木马，来检测并警告网络中的任何恶意活动，具体考核内容如下：

①参赛选手能够掌握K近邻、决策树、朴素贝叶斯、逻辑回归、支持向量机、K-Means、隐马尔科夫模型、神经网络等人工智能算法的Python语言实现；

②参赛选手能够利用大规模数据集训练网络安全异常检测模型；

③参赛选手能够利用网络安全异常检测模型判断网络活动是否存在异常；

④参赛选手能够建立网络攻击分类预测模型；

⑤参赛选手能够分析人工智能算法中的安全漏洞。

2.以工程实践应用场景为支撑，规划设计竞赛阶段

赛项模拟实际企业采用信创设备进行IT企业扩容的应用场景，首创在竞赛体系中采用全国产化、全自主知识产权的技术方案进行设计，将信创设备运维管理及网络安全攻防竞技有机融合，参赛选手在国产化IT架构中，进行网络信息系统搭建、安全加固和运维。比赛全程分为三个阶段。

阶段一：信创环境搭建及服务运维（60%，4小时）

完全采用国产化IT系统，充分展示在自主可控环境中，信息系统的配置及运维技能，体现国产信创设备的易用性、操作简洁性及功能完善性。模拟实际企业采用信创设备进行IT企业扩容的应用场景。该工作场景需要网络工程师熟悉硬件上架的步骤、布线的规范，具备良好的Linux运维基础及较深的网络排错能力，具备根据实际需求，配置信创服务器的能力。在竞赛中，除了对传统的服务如Web、DNS、数据库等环境配置进行考查外，还加入了对主流运维新技术的考查，如Docker环境部署，Linux虚拟化技术、负载均衡技术的应用等。该部分赛题的设计对接信创产业中信创设备的运维管理岗位，采用华为、神州数码、银河麒麟等国内大型代表企业技术产品，为国内或全球系统替代升级提供解决方案，同时将国内信创设备及国产操作系统的向全球推广，具有重要的实践意义和技术参考价值。

阶段二：信创夺旗赛（CTF）（20%，2小时）

以解题方式，考查选手的渗透测试能力，揭秘黑客攻击手法。该阶段主要考察选手对网络协议的理解、对基本漏洞的利用、渗透测试工具的使用及基本的编码能力。结合大数据及人工智能技术，在国产IT环境中，构建入侵检测系统，展示信创人才对 AI 技术、信息安全技术的综合应用能力。本阶段赛题，主要面向全球信息安全产业，该产业的国内代表企业如奇虎 360、奇安信、神州数码等公司，这对全球安全人才的培养，信息安全产业的交流及技术发展方向，具有重要的技术参考意义。

阶段三：信创安全对抗（20%，1 小时）

采用攻防对抗形式模拟真实网络攻防环境，选手需了解信创系统的安全特性，综合应用渗透测技巧及系统加固能力，开展攻防演练。竞赛现场将以实时 3D 动画方式展示激烈的网络对攻场景，提升赛项的科技感与观赏性。是国际上首次采用全国产化的 IT 系统进行的网络安全综合对抗，开展信息安全攻防的比赛模式。在该阶段，选手同时扮演攻防者的角色，在攻击他人服务器的同时，尽量保护自己服务器不被攻破。该阶段展示了国产系统的安全性能及加固特性，选手需熟悉国产操作系统安全加固工具，依据等保 2.0 的要求对系统进行基线加固，并使用被动防护工具，及时发现入侵者，阻断其入侵行为。选手需使用渗透测试工具，从逻辑、基本应用漏洞、信息泄露、缓存区溢出等各个方面，对信创服务器提供的各种服务进行网络攻击。从防护、攻击、溯源取证等各个方面对选手的安全攻防技术进行考核，对全球网络攻防人才的培养，具有重要的技术参考价值。

3. 模拟真实企业工作环境，采用线上、线下竞赛平台

竞赛采用线上、线下平台相结合的方式。线下平台包含 2 台信创服务器、2 台信创个人端 PC，及 3 台信创交换机、机架，试题在赛前下发各赛场，由赛场技术人员完成竞赛环境部署，供选手完成模块一竞赛内容；线上平台采用云上靶场，由技术支持单位采用公有云技术在云端部署信创攻防环境，并使用白名单机制及 VPN 技术保证竞赛安全，供选手完成二、三两个模块竞赛内容。线下平台采用真实企业工作环境，更贴近产业实际需求。线上平台简化赛场环境部署，有助于国外选手在线上参加竞赛。

（二）物联网技术应用

1.以工程实践项目为基础，设计竞赛模块

赛项面向物联网产业发展需求，结合物联网技术国际标准、职业标准和岗位要求，依托物联网技术在企业生产、社会生活中的真实典型应用场景下的完整业务流程，围绕着在世界范围内如火如荼地进行的"智能工厂"建设过程中被广泛应用的物联网技术，以某工厂进行智能化改造升级为背景，要求参赛选手根据项目需求，利用专业工具和仪器设备，设计、安装、搭建、调试、配置以及应用开发一套满足需求、稳定运行的物联网系统。考核参赛选手在物联网项目建设实施方面的综合能力，特别是应变和创新能力，主要包括：物联网工程设计和设备选型能力、物联网软硬件安装和调试能力、物联网系统集成和搭建能力、物联网平台配置管理能力、物联网应用创新能力，以及交流展示能力以及职业素养。

比赛时间总计6小时，4个竞赛模块与真实物联网工程项目的系统设计、系统搭建、系统开发、系统推广的流程完全一致。

模块一：物联网项目实施方案设计

考核参赛选手对物联网工程项目进行整体设计的能力，以及设备选型、图表绘制和文档撰写等方面的能力。依据物联网体系架构和协议标准，在项目需求分析的基础上，完成物联网项目解决方案与实施计划的设计，并利用虚拟仿真系统进行设计方案验证。考查要点主要包括：项目进度计划表制定、系统架构设计、物联网设备选型、软件选用、物联网网关接入方式设计、物联网子系统设计。

模块二：物联网设备安装与调试

选用合适的硬件、软件和服务，对各类传感器、识别设备、无线传感网通信设备、智能网关等物联网设备进行安装、配置，对物联网网络传输

层进行连接和搭建；应用场景的使用与操作；物联网中间件及服务的配置与部署，运用真实设备或虚拟仿真环境进行物联网项目实施与部署，实现用户项目方案需求。

模块三：物联网技术应用创新

综合运用各类物联网软、硬件设备和平台进行应用创新，面向题目限定的应用场景，安装连接硬件设备，开发软件系统，设计并实现符合应用场景要求、具有一定实用价值的物联网应用系统。

模块四：物联网项目成果展示

制作项目展示资源（如演示文稿等），介绍模块二中所搭建工程项目和模块三中所创新系统的功能、思路、原理和效果。参赛选手以讲解和操作演示相结合的方式向裁判组进行介绍和功能展示。

2.采用实现丰富应用场景的竞赛装备

赛项采用物联网工程应用实训系统3.0版与物联网技术应用在线竞赛平台作为竞赛装备。该套装备涵盖了当前物联网主流技术，包括有线传感器、无线传感器、网络设备、虚拟仿真系统、虚拟终端服务、物联网应用平台，支持使用HTTP、MQTT、COAP协议采集设备数据，支持线上执行和控制，能够在线实现丰富的物联网应用场景。

（三）云计算

1.以工程实践项目为基础，设计竞赛内容

围绕社会岗位需求紧贴生产实际，从业务需求与工程应用环境入手，参赛选手实现私有云平台架构的规划设计，完成私有云、容器云平台搭建与运维、公有云（基于主流X86架构）服务申请与使用、企业项目应用迁移上云规划设计与实施、企业项目应用架构调优等。实现对 Openstack 云平台的搭建与服务使用、Dockers 的部署与服务应用以及云平台开发、监

控、运维、应用等各项服务。竞赛任务基于工作过程的真实情境和完整任务，侧重考查选手的综合能力、应变能力和职业素养，着重考查选手在某一方面技能的综合应用及完成某项工作任务的能力。

竞赛具体内容如下：

任务一：私有云服务搭建

（1）根据赛题要求，进行物理主机操作系统设置与管理，包括网络、存储、虚拟化和安全等，确保操作系统正常运行；检查交换机、服务器之间的连线，测试网络的连通性。

（2）准备工作，包括安装和配置 yum 源、FTP、NTP、HTTP、Rabbit-MQ、MariaDB 数据库、MemCached、etcd 等服务。

（3）编写（或使用赛项提供的）安装脚本完成 OpenStack 私有云平台的搭建，搭建完成后，检查各个组件的运行状态，能正确地使用私有云平台。

任务二：私有云服务运维

（1）能够对 OpenStack 私有云平台的云主机、云存储、云网络、云数据库、负载均衡和高可用等进行运维管理。

（2）完成 OpenStack 私有云平台组件的运维，包括 Keystone、Glance、Nova、Neutron、Cinder、Swift、Ceph、Manila、Zun、Blazar、cloudkitty 等组件。

（3）完成私有云应用项目部署，如搭建私有博客系统、应用商城网站等，并使用自动化运维工具 Ansible 编写脚本实现应用系统架构升级。

（4）掌握私有云各服务的依赖关系与对应关系，能排除在使用过程中遇到的故障，确保私有云环境稳定、顺畅运行。

任务三：私有云运维开发

基于 OpenStack APIs 编写 Python 脚本，实现对 OpenStack 云平台的运维管理。

任务四：容器云服务搭建

（1）安装Docker服务，部署私有容器仓库，熟练使用Docker各项命令。

（2）设计Kubernetes平台架构，准备容器环境，编写模板文件，搭建Kubernetes容器云平台。

（3）使用容器云平台的各项命令，检查容器云平台的运行状态，监控容器云平台的运行情况。

任务五：容器云应用部署

（1）基于Docker环境，编写Dockerfile和使用Commit等方式制作容器私有镜像，搭建微服务应用系统。

（2）基于Kubernetes容器集群，搭建持续集成环境。

任务六：容器云服务运维

（1）完成Kubernetes容器云平台的Pod、Deployment、Service、Ingress、网络、存储卷和Istio服务网格等运维。

（2）基于Kubernetes的KubeVirt服务，实现虚拟机实例创建、迁移、管理与运维。

任务七：容器云运维开发

基于Kubernetes APIs编写Python脚本，完成容器云平台服务运维。

任务八：公有云集群搭建任务

（1）根据应用系统规划需求，计算公有云成本预算。

（2）公有云中虚拟私有云的创建，包括负载均衡、公网IP等资源的申请。

（3）公有云中云容器引擎集群申请，并部署应用网格服务等。

任务九：混合云集群配置任务

配置Openstack平台中的Kubernetes集群，实现本地Kubernetes集群与公有云集群对接。

任务十：公有云运维开发任务

在混合云集群中，编写Dockerfile和使用Commit等方式制作容器私有镜像，部署微服务应用，并部署应用服务网格对其进行管理与运维。

2.基于企业真实生产技术需求，明确重点竞赛内容

基于企业工作情境中对云安全、资源节省、成本控制等的真实需求，赛项竞赛内容向应用优化治理及安全应对转移，注重全流程安全体系构建来应对云上新型威胁。竞赛设置安全考核，应对新技术、新应用带来的云计算新威胁，制定云上安全机制，以软件安全、零信任、统一安全运营等为切入点，构建云上安全体系。同时面对企业用云程度不断加深所带来的资源浪费问题，围绕成本因素开展优化治理考核，构建云成本优化体系，助力企业降本增效。

（四）通信网络管理

1.以工程实践岗位技能为基础，设计竞赛内容

赛项完全以5G新一代信息技术与行业应用为核心，以5G通信网络检测与智能网联车应用为特色。竞赛内容依托5G通信网络真实岗位的典型工作技能而设计，涵盖5G OM链路管理、5G传输链路管理、5G射频链路管理、5G基站系统参数管理、5G射频信号指标参数检测、5G终端设备接入配置、5G智能网联车的配置调试等岗位技能。参赛选手依据国家检测标准完成5G通信网络配置、检测用例执行、仪器仪表操作、检测结果分析等任务环节，培养和考查参赛选手的专业基础知识、检测标准和实践操作技能；通过完成5G智能网联车应用的系统构建、应用场景设计、开发流程、落地实施等任务环节，培养和考查参赛选手专业基础知识、工程实践能力和创新应用能力。

竞赛分为2个阶段，通过不同阶段竞赛内容，循序渐进全面考察选手对5G通信网络管理技术的掌握程度。

阶段一：5G通信网络检测

（1）5G通信网络检测配置

该竞赛环节由两名外籍选手通过5G仿真软件，共同完成5G基站通信网络检测任务中的前期基站参数配置任务，包括5G OM链路管理、5G传输链路管理、5G射频链路管理、5G基站系统参数管理等任务。

知识点与技能点：5G各网元功能，5G基站产品硬件结构，基站硬件指标参数，基站典型场景应用配置，基站平滑升级策略。开通前工具准备、传输链路配置、板卡配置、网络规划、射频资源配置、小区参数的配置。

（2）5G通信网络检测执行

该竞赛环节由两名参赛教师与两名国内选手共同完成5G基站通信网络检测任务中的射频信号指标参数检测任务，包含5G基站发射机功率检测、5G基站邻道泄露比检测、5G基站发射机瞬态响应检测、5G基站一般杂散测试、自动化测试等检测任务。

知识点与技能点：

①射频基础知识。包括频率、功率、带宽等基本概念，主流通信制式的频段分布及信号特点。主要射频器件的基础知识，如滤波器、衰减器、合路器、环形器、限幅器等的用途。

②频谱仪基本原理。频谱仪的基本架构，频谱仪频率、功率、trigger、参考时钟、RBW、SWEEP TIME、检波方式等设置项的意义。

③射频指标测试基础。常用测试指标的意义，发射机输出功率，邻道泄露比，杂散测试、发射机瞬态响应等。

④频谱分析仪程控命令、自动化测试接口、程序运行逻辑。

阶段二：5G智能网联车的配置与调试

（1）智能网联车配置

该竞赛环节由两名外籍选手通过智能网联车仿真软件，共同完成配置任务，包括5G智能网联车系统环境配置、车道线识别代码调试与运行、基于真实视频的车道线识别测试等任务。

知识点与技能点：基于Python的5G网络环境配置、基于5G网络的图片处理与图片传输。

考查点：5G网络环境的配置、车道线识别代码的调试、5G网络下车道线识别代码的应用。

（2）智能网联调试

该竞赛环节由两名参赛教师与两名国内参赛选手共同完成。任务内容包括5G智能网联车网络环境配置与调试、车道线识别代码调试与运行、基于5G网络的车道线识别图像传输、目标检测代码调试与运行、5G智能网联车结合沙盘运行等任务。

知识点与技能点：基于深度学习的5G网络应用、5G智能网联终端随机接入过程、5G智能网联终端注册流程、5G业务会话建立。

考察点：5G网络环境的配置、5G网络下车道线识别代码的应用、5G网络下的图片传输应用、5G网络下目标检测代码、5G智能网联车综合应用。

2.采用企业真实商用产品和配套软件，营造真实行业应用场景

赛项应用的竞赛装备为企业真实商用产品和配套软件，营造一个可调、可测、可用的真实运营商级5G网络和行业应用场景，构建了一个产业应用级别的全网、全流程、全业务的智能立体感知网络。竞赛采用的软硬件是全球主流无线网络产品与解决方案，广泛应用于国内四大运营商，已为全国30余个省份近百个城市的用户提供高质量的通信网络解决方案和综合服务；竞赛设备还应用于通信服务领域，包括网络规划、工程建设、网络优化和网络运维，助力运营商在 5G 时代实现智敏建网、智能运维和智慧运营；同时，在行业应用领域，竞赛采用的软硬件也有广泛的应用，结合云计算、人工智能和大数据等新兴技术，面向交通、能源、制造、政务等重点行业，完成通信行业专网、通信测量仪表、智能网联车路协同、工业互联网技术等行业应用场景。

3.基于实践的创新探索，逆向促进企业产品优化升级

通过归纳总结企业实际生产过程中产生的问题和测试点，设计相应赛题，参赛选手在参赛过程中，进行产业应用级别的 5G 智能网联汽车应用实战，完成 5G 智能网联汽车行业应用的系统构建、应用场景设计、开发流程、落地实施等环节，运用企业真实设备、解决企业实际问题，有利于助力企业进一步完善相关产品的接口设计。

参赛过程中，选手应用与 5G 设备真实操作维护工具完全一致的仿真软件，完成 5G 基站通信网络检测任务中的前期基站参数配置任务，包括 5G OM 链路管理、5G 传输链路管理、5G 射频链路管理、5G 基站系统参数管理等任务。应用与 5G 信号分析仪完全一致的仿真软件，完成 5G 基站通信网络检测任务中的射频信号检测任务，任务内容包含 5G 基站发射机功率检测、5G 基站邻道泄露比检测等任务。企业实际生产过程中的工作内容在竞赛中进行了完整还原，测试结果将反向给企业输出实际的测试成果，参赛选手通过检测企业当前实际待测设备，配置测试环境，运用虚拟仪器仪表测试产生的测试结果，相当于执行了企业某款射频收发设备的测试用例。

在 5G 智能网联车的配置与调试任务环节，参赛选手根据目标要求，利用真实的虚拟环境将智能网联车自动驾驶相关的算法进行配置和开发，该环节产生的代码，将作为企业优化的算法运用到实际的生成过程中，对产品的优化升级起到了积极的推动作用。特别在此环节中，智能网联车搭载的商用的5G通信模组，需要与竞赛环境中提供的真实的5G网络进行对接联调，参赛选手在该环节输出的数据和结论，可以将企业实际要用的设备进行联调，并作为企业实际应用依据。

（五）迷宫机器人

以工程实践项目为基础，设计竞赛模块

赛项融合自适应运动控制算法、多传感器融合、智能图像识别、高速运动控制、物联网通信等相关智能技术，全面对标现代智能科技产业发展，可应用于未知环境搜救、智能路径规划、自动驾驶等技术。赛项以培养学生的自主探究和动手创造能力为核心，强调设计能力、合作能力、实践能力、问题解决能力和创新创造能力，通过完成迷宫机器人任务，激发学习兴趣与探索意识，学习人工智能、神经网络、智能算法的基础知识与应用实践。

竞赛内容分为3个模块：模块一为虚拟仿真环节，用时3小时，占总成绩30%；模块二为迷宫竞速环节，约用时2小时，占总成绩60%；模块三为展示答辩环节，约用时2小时，占总成绩10%。

模块一：仿真赛

采用仿真技术模拟智能机器人在迷宫中的运行，验证和测试智能机器人的运动控制和软件算法。

模块二：竞速赛

智能机器人在未知迷宫中，自动记忆和选择路径，采用相应的智能算法自主走出迷宫，并以最快速度到达所设定目的地。

模块三：答辩展示

专家现场点评与问辩，针对本赛项的相关知识进行提问，考查选手对本赛项的知识和能力掌握情况。

（六）虚拟现实（VR）设计与制作

略。

（七）信息安全管理与评估

略。

三、竞赛类：交通运输赛项单元

竞赛类交通运输赛项单元设计汽车技术、轨道交通驾驶技术等2项赛项。

汽车技术

1.以工程实践项目为基础，设计竞赛模块

赛项以汽车维修行业典型维修项目为背景，以汽车机电维修工作中最大量、最基本的作业项目作为竞赛内容，对接汽车企业先进技术和行业标准，并把真实工作过程、任务和要求融入比赛环节。竞赛内容的设计充分还原汽车故障诊断及检修真实场景及岗位实践流程，共设计两个竞赛模块，分别为汽车发动机拆装检修模块和汽车电气系统检修模块，均采用实操考核形式，旨在考查参赛队安全生产、组织管理、现场问题的分析与处理、工作效率等职业技能与素养。

模块一：汽车发动机拆装检修

（1）作业要求

在规定时间内，要求参赛队完成指定汽车发动机机械部分的拆装与检修；依据现场提供的维修手册规范完成作业流程，发现和确认故障点，

完整、准确填写《选手报告单》。作业过程中要熟练地查阅维修资料、规范使用工量具和仪器设备、准确测量技术参数和判断故障点，做到安全文明作业。

（2）考核要点

发动机机械系统的分解和装配；发动机零部件测量、可用性判断；故障排除及维修方式选择。不涉及：活塞和连杆的加热装配；燃油箱、喷油器维修；需要燃油系统暴露在外的操作。

模块二：汽车电气系统检修

（1）作业要求

在规定时间内，要求参赛队对汽车电气系统故障进行诊断与排除；依据维修手册的规范完成作业流程，发现和确认故障点，将所有的故障恢复到车辆的正常状态，按要求完整准确填写《选手报告单》。作业过程中要熟练地查阅维修资料、规范使用工量具和仪器设备、准确测量技术参数和判断故障点，做到安全文明作业。

（2）考核要点

围绕充电系统、电源管理系统、仪表与警告装置、灯光系统、无钥匙进入及一键启动系统、舒适系统、中央门锁系统、玻璃升降系统、电动后视镜系统、雨刮、喇叭、车载网络系统进行检测分析并查找故障点。重点考查参赛队对车辆电气系统的结构和控制逻辑的理解程度；考查参赛队对万用表、示波器等常用诊断设备的应用能力；要求对汽车电气系统进行故障诊断，包括前期准备、安全检查、仪器连接、症状确认、目视检查、故障码和数据流检查、元器件测量、电路测量、故障点确认和排除、现场5S整理等。

2.以真实维修项目为基础，采用模拟真实维修场景的竞赛装备

汽车发动机拆装检修模块，以广州车拉夫汽车科技有限公司提供的汽车发动机机械拆装、检测教学实训系统为技术平台，对接汽车维修企业中的发动机拆装维修项目，参赛队依据现场提供的维修手册，在规定时间内完成发动机机械系统的分解和装配、发动机零部件测量、可用性判断、故障排除及维修方式的选择。选手作业过程中要熟练地查阅维修资料、规范使用工量具和仪器设备、准确测量技术参数和判断故障点。

汽车电气系统检修模块，以比亚迪宋1.5T燃油版车辆作为比赛用车，依托深圳风向标教育资源股份有限公司提供的整车故障设置与检测连接平台，对接汽车维修企业中的汽车电气系统故障维修，参赛队在规定时间内对汽车电气系统的故障进行诊断与排除，主要是围绕车辆电源系统、组合仪表与警告装置、灯光系统、无钥匙进入及一键启动系统、车载网络系统以及中央门锁、电动车窗、电动后视镜、雨刮、喇叭等系统进行检测分析并查找故障点，重点考查了参赛队对车辆电气系统的结构和控制逻辑的理解程度，对万用表、示波器、故障诊断仪等常用诊断设备的应用能力。

四、竞赛类：财经商贸赛项单元

竞赛类财经商贸赛项单元设计跨境电商1项赛项。

跨境电商

1.以工程实践岗位技能为基础，设计竞赛模块

根据跨境电子商务新业态的出口和进口业务发展前沿、职业标准和国际标准要求，考查参赛选手跨境电子商务出口业务、进口业务的职业核心技能；考查参赛选手的管理意识、成本意识、风险意识、服务意识、劳动意识等职业素养；考查参赛选手的逻辑思维、合作沟通、时间管理、数据分析、业务运营、创新创业等综合能力。

竞赛按照岗位角色同时进行，累计时长7小时。

模块一：出口跨境电子商务业务

（1）跨境电子商务视觉设计操作

在3小时内，根据业务需求或实际业务情况，完成图片视觉设计和详情页设计与优化两项任务。

（2）跨境电子商务数据运营操作

上机通过沙盘模拟对抗，通过6个对抗轮次，每个轮次30分钟，总计3小时。模拟对抗完成以下5项任务，每项任务包括若干步骤，系统按照评分标准进行评分。

①跨境电子商务数据分析操作。在规定时间内，根据业务需求或实际业务情况，完成数据获取、采集清洗及选品优化三项任务。

②跨境电子商务文案编辑及优化操作。在规定时间内，根据业务需求或实际业务情况，完成标题优化、价格优化、属性优化三项任务。

③跨境电子商务物流及海外仓操作。在规定时间内，根据业务需求或实际业务情况，完成物流运费计算、物流模板设置、物流方案设计三项任务。

④跨境电子商务订单处理操作。在规定时间内，根据业务需求或实际业务情况，完成发货方案选择、异常订单处理和客服维护及开发三项任务。

⑤跨境电子商务资金管理操作。在规定时间内，根据业务需求或实际业务情况，完成扩大资金规模、提高资金使用效率和安全应收货款三项任务。

（3）跨境电子商务直播运营操作

考查选手的跨境直播电商运营能力。参赛选手可以结合实际情况，自行选择（建议选择本国或本地特色、优势商品）商品素材和资源，按照规定要求完成直播脚本（文案）制作、直播视频拍摄两项任务。并按照大赛规定的要求将1个文本和1个直播视频作品提前三天提交大赛执委会。

模块二：进口跨境电子商务业务

在1小时内，完成以下两个任务：

（1）进口跨境电子商务通关方案设计

在规定时间内，根据业务需求或实际业务情况，完成"9610""1210""1239"模式下通关方案设计三项任务。

（2）进口跨境电子商务税费策划

在规定时间内，根据业务需求或实际业务情况，完成跨境电商综合税计算、行邮税计算和税费策划三项任务。

2.基于真实完整的企业生产实践项目，考查培养参赛者专业核心技能

在模块一的视觉设计任务中，banner部分的视觉装修，每组选手均能按要求，以电热保暖袜、电热护膝、电热保暖毯3款商品图片为基础，展示了商品特点，英文描述基本符合要求，有些小组的设计整体感觉不错，有3个组的设计比较出色，不同的产品有不同的风格，颜色搭配比较和谐。主图部分每组选手均能以数码显微镜制作2张符合要求的图片，大部分作品能按要求用英文描述商品特点，基本能反映产品功能特点，产品图片都非常完整和清晰，产品功能的提炼也较到位。产品详情设计部分，商品信息、商品展示和促销信息，这3个部分都较完整，商品信息部分大部分选手能把商品标题、商品3—5个关键特点描述出来；商品展示部分大部分选手能通过图片展示商品的细节、包装、优点及效果；促销信息部分完成得不错，有些小组的促销方式不止一种，除优惠券还做了直降，营销效果不错。通过该模块的设计培养了各种跨境电商平台全套美工设计人才，能够根据品牌和店铺平台的特色把控设计的方向，制作平台平面广告设计如商品描述、广告推广图、直通车、钻展创意图等，对店铺整体的视觉效果进行整体把控并定期根据促销日、季节转换、店铺促销更新及优化，以提高店铺点击率和转换率。

在模块二的进口通关任务中，大多数参赛选手跨境电商进口通关业务基本知识扎实，各种通关模式熟悉，能够按赛题要求组织语言，使用计算机工具完成赛题撰写和图表绘制，在较短时间内完成较为复杂的流程图，体现出参赛队伍和选手的综合能力，提升了对跨境进口政策的把握精准度。

在模块一的直播运营任务中，团队配合默契，分工明确，能准确把握商品卖点，直播时情绪饱满、热情，有感染力，能较好地把握语气、语调、语速，全面展示商品，正确讲解商品信息。直播中主播的商品展示较完整，基本完成对商品的展示介绍，语速适中。大部分作品符合直播销售的要求，脚本制作、直播过程逻辑清晰。大部分主播热情，能够清晰展示销售产品，并能正确地讲解。直播语速适当，较有感染力，产品介绍较完整，有一定的吸引力。通过比赛，大大提升了选手新媒体运营能力，为跨境电商企业直播运营培养人才提供了方案。

五、竞赛类：能源动力与材料赛项单元

碳中和可再生能源工程技术赛项

碳中和可再生能源工程技术赛项基于"碳中和"的时代背景，立足于可再生能源广泛的产业需求与创新发展趋势，针对可再生能源形式的不同特点，结合行业最新的技术和标准，通过对可再生能源系统的安装、运行与调试、维护与故障排除等实践操作，检验选手对可再生能源的行业标准及规范的掌握情况、系统的安装部署能力、编程调试能力、维护测试能力、电气设计等综合职业能力。赛项开发以培养国际化技术技能人才为目标，依据光伏工程技术和风力发电工程技术的国际化专业教学标准和职业

能力，立足于高职光伏工程技术和风力发电工程技术专业的实际工作岗位，结合光伏电站设计、风电场设计、光伏电站建设、风电场建设、光伏电站运维、风电场运维的特点，汲取EPIP教学模式的先进理念，构建"基础素养+专业能力+国际化能力"的能力培养体系。

1.以工程实践创新为支撑，按模块设计竞赛内容

竞赛分"工程实践操作""工程项目创新""工程项目展示"三个模块，每个模块下设多个任务。

（1）"工程实践操作"模块竞赛内容

根据赛场提供的"工程实践操作"任务书规定的操作步骤和技术要求，进行现场实践操作，由现场裁判根据实际操作情况给定成绩。具体任务如下：

任务一 电气图设计——可再生能源工程项目的系统电气图纸设计。

任务二 设备安装与连接——完成设备的安装与连接，依照设备的通电顺序依次操作，并检查设备的工作状态。

任务三 单元模块软硬件设置——根据系统单元模块的参数配置表，正确设置模块的工作参数。

任务四 系统功能调试与故障排除——排除可能的单元模块故障，完成系统功能调试。

（2）"工程项目创新"模块竞赛内容

按照"工程项目创新"任务书中的规定目标，开展应用、创新和问题解决，由现场裁判根据现场操作情况给定成绩。具体任务如下：

任务一 光伏电站、风电场的搭建——根据项目要求和提供的部件，完成能源控制系统与光源跟踪装置、风能装置的系统部件的安装、接线，调试完成光伏/风力发电输出。完成手动、自动光源模拟跟踪系统程序设计与调试。

任务二 能源转换储存控制系统的设计与调试——根据项目要求和提

供的部件，完成风光互补发电输出、能源转换与储存系统的设计与调试，完成能稳定工作在光伏最大功率点的程序设计与调试。

任务三　并网逆变控制系统的调试与运行——根据项目要求和提供的部件，完成逆变器的并网输出系统调试，记录电量表相关数据，调整系统参数，改善系统输出电能质量。

任务四　能源监控管理系统的运行优化——根据任务书要求，完成风光互补发电系统、光源控制系统、能源转换储存控制系统和并网逆变控制系统等界面，实时显示运行数据、运行状态等系统相关信息。

（3）"工程项目展示"模块竞赛内容

对"工程项目创新"模块的设计实施情况进行汇报展示，包括"工程实践操作"与"工程项目创新"两个模块比赛过程的总结与自我评价、"工程项目创新"模块中的"创新发挥"部分、对"碳中和"的理解以及对可再生能源的应用及展望等。

（4）职业素养

考核竞赛队的职业素养，在比赛过程中主要体现在如下方面：

①各种工具的规范使用；

②设备操作的规范性；

③安全和文明生产；

④团队之间沟通交流和协作能力；

⑤任务的计划性、条理性和应对解决问题的能力。

2.以真实和完整的项目为主线，依权重设计竞赛方式

竞赛分"工程实践操作""工程项目创新""工程项目展示"三个模块，"工程实践操作"模块120分钟，"工程项目创新"模块150分钟，"工程项目展示"模块不超过10分钟，比赛总时长430分钟。

（1）"工程实践操作"模块：2名参赛选手根据"工程实践操作"任务书，在赛项平台上完成任务书规定的所有操作步骤和技术要求，时限120分钟。现场裁判从工程能力素养要求角度，就工艺、标准、规范、安全等方面，对参赛选手现场操作的结果进行评判，给出百分制成绩，权重0.4。"工程实践操作"任务书（样题）将提前公布，决赛现场提供的任务书与赛前网上公布的任务书（样题）会有不大于20%的改动。本模块中，选手可根据自身需要将相关上机画面等内容截图保存，用于模块三"工程项目展示"的汇报内容。

（2）"工程项目创新"模块：参赛选手对"工程项目创新"任务书的内容进行研讨，确定实施方案。参赛选手在赛项平台上，完成任务书中规定的目标任务和技术要求，时限150分钟。现场裁判从学生工程技术技能应用能力，就方案实现、实施效果等方面进行评判，给出百分制成绩，权重0.5。"工程项目创新"任务书（样题）将提前在网站上公布，决赛现场提供的任务书与赛前网上公布的任务书（样题）主要目标任务不变，具体内容会有所变更。本模块中，选手可根据自身需要将相关上机画面等内容截图保存，用于模块三"工程项目展示"的汇报内容。

（3）"工程项目展示"模块：各参赛队对"工程实践操作"与"工程项目创新"两个模块比赛过程的总结与自我评价、"工程项目创新"模块中的"创新发挥"部分、对"碳中和"的理解以及对可再生能源的应用及展望等利用PPT进行汇报，现场裁判可根据汇报内容提出问题，每个队汇报不超过8分钟，转场2分钟。现场裁判进行评判，给出百分制成绩，权重0.1。参赛选手需在"工程项目展示"模块竞赛开始前自行提前准备好汇报PPT，现场不制作PPT。

3.以工程化、实践性、创新型、项目式为基础，深度融入赛项设计与开发

（1）立足真实工作岗位进行设计——工程化

赛项设计的核心是真实的工程化背景，设计对象源自碳中和可再生能源领域的工程，立足真实工作场景、工作情境与工作岗位。在详细深入地企业调研基础上，依托工程实践创新项目（EPIP）教学模式，竞赛模块设计、竞赛内容设计、竞赛任务设计以及竞赛知识、技能、素养要求，均以碳中和可再生能源领域的真实工程为基础，源自工程，瞄准工程，服务工程。基于光伏电站设计、风电场设计、光伏电站建设、风电场建设、光伏电站运维、风电场运维等碳中和与可再生能源行业的典型工作岗位，将竞赛工程化，使竞赛选手的竞赛过程与竞赛内容始终围绕真实的工程情境。对光伏电站设计、风电场设计、光伏电站建设、风电场建设、光伏电站运维、风电场运维等方向的典型工作任务进行详细分析，进而确立竞赛要求与竞赛任务。

（2）真实典型工作任务的提炼——实践性

以碳中和可再生能源领域的真实生产业务工程为基础，提炼真实工作岗位中的典型工作任务，将其转化为具体的竞赛任务，结合竞赛目标开发竞赛内容，突出实践性特征，实施工程实践导向、真实任务驱动式竞赛。

面向碳中和可再生能源领域的国有企业、外企以及国内民营企业，深入详细地调研分析碳中和可再生能源领域的核心典型工作任务。着重对光伏电站设计、风电场设计、光伏电站建设、风电场建设、光伏电站运维、风电场运维等方向所对应的岗位进行调研，结合问卷调查和访谈等调查方法，企业专家基于多年实践经验提出3至4个典型工作任务，汇总所有专家提出的典型工作任务，并进行梳理和重要性排序，最终明确光伏电站设计、风电场设计、光伏电站建设、风电场建设、光伏电站运维、风电场运维等岗位涉及的核心典型工作任务。

将碳中和可再生能源行业的典型工作任务转化为具体的竞赛任务。转化时需考虑提炼出的典型工作任务涉及的具体工作内容和具体要求，以及竞赛的基本条件、环境和竞赛选手技能素质基础等。竞赛任务要与典型工作任务相对应，反映主要核心的工作要求、工作内容、工作活动等。竞赛任务的确定要结合竞赛目标与典型工作任务的具体特点，以真实生产工作环境为基础选型或开发竞赛装备，并营造竞赛环境。此外，竞赛任务的确定还要考虑竞赛选手的技能、能力、素质基础，及其与典型工作任务的知识、技能、素养要求存在的差距。

利用典型工作任务分析，结合竞赛目标，开发与筛选竞赛内容。通过提炼典型工作任务，然后进行学习领域的转换，确定碳中和可再生能源工程技术的竞赛任务，并结合竞赛目标明确具体的竞赛内容。当现有竞赛内容不能满足竞赛目标描述的要求时，可对竞赛内容加以细化和补充。

（3）在真实情景中发散思维解决问题——创新型

在基于真实的工作情境和工作环境，营造出的竞赛情境和竞赛环境中，通过故障设置以及"工程实践创新"竞赛模块设计，打造创新空间，引导竞赛选手发展思维解决问题。一方面，通过在光伏发电系统、风力发电系统、能源转换储存系统和并网逆变发电系统等系统设置故障，为学生创设真实工作情境中可能遇到的问题，解决问题的方法多种多样，培养学生解决问题的创新性思维，激发学生的创新意识。另一方面，单独设置"工程实践创新"竞赛模块及其任务书，为竞赛选手开辟创新发挥的空间，激发学生的创新兴趣，强化创新意识，培养创新能力，锻造创新人格。

（4）体现真实完整的工作过程——项目式

依托真实的工作岗位，构建完整的竞赛项目，由项目强化"教学做"一体化，全面训练和培养学生的综合职业能力。赛项设计"工程实践操作""工程项目创新""工程项目展示"三个模块，模块及其任务还原工作情境中的实际项目，竞赛过程体现真实完整的工作过程。通过真实而完整的竞赛项目，考核竞赛团队及选手各种工具的规范使用，设备操作的规范性、安全和文明生产，团队的沟通交流和协作能力，任务的计划性、条理性，以及应对解决问题的能力等职业素养。让竞赛选手在完成项目式的任务过程中，实践和体验真实工程，培养选手在碳中和可再生能源领域的关键能力。

六、展演类：中国制造与传统文化赛项单元

展演类中国制造与传统文化赛项单元设计 5G 通信网络布线、智能网联汽车技术、嵌入式技术应用开发、中医传统技能、中餐烹饪、中华茶艺等 6 项赛项。

（一）5G 通信网络布线

1. 以工程实践项目为基础，设计展演模块

赛项结合全球 5G 产业发展状况，立足 5G 产业生态，以 5G 通信网络布线的岗位技能为导向，还原具有国际领先且具备中国特色的 5G 布线施工场景，基于真实的工程案例和典型工作任务，体现基站建设、室内覆盖及宏基站运维、5G 室内分布式布线及应用等真实的施工过程，以国际标准安装施工规范为基础，将真实的工作场景和数据融入比赛中，竞赛内容包括规划设计、安装施工、运维管理和工程应用等。按照网络布线项目管理的相关要求，涵盖完整的 5G 网络综合布线系统。

模块一：5G 网络规划及光纤熔接速度（15%）

5G 网络端到端规划。包括网络拓扑规划、覆盖规划预算、速率容量计算、勘察设计、站址规划、工程参数规划，工程预算、方案设计等。

在1小时内开剥室外光缆外护套，准备熔接环境，快速熔接尽可能多的光纤，将多芯光缆两端依次熔接后串成一整条光纤信道，并考查其熔接质量和链路损耗。

模块二：5G网络光缆布线与基站搭建（60%）

5G核心网、承载网的布线与搭建，BBU、AAU、GPS等5G基站设备部署与线路连接。根据施工要求，规划工程进度，设计路由与线路连接图，室外光缆布线（PTN到BBU和BBU到AAU），光纤接续，线缆管理，余长处理。在机柜安装光纤配线架，ODF等光端设备的熔接、盘纤整理，标记缆线，检测和测试报告，连接报告和工作完成报告。

同时可以通过虚拟仿真平台完成5G端到端网络建设，包括5G承载网建设、5G核心网建设和5G无线网络建设，完成相关设备的配置和维护。还包括真实工程场景、项目管理、文明施工、健康安全和环保规范。

模块三：5G端到端故障排除与应用系统布线安装（25%）

通过虚拟仿真平台完成涉及5G基站、承载网、核心网的端到端网络故障处理，开通调试、设备维护、数据维护、网络优化、语音质量优化等。

根据提供的设计施工要求，进行配线子系统或房间的布线，包含：FD机柜及信息箱内配线架及设备安装，FD—TO信息点光纤与铜缆链路布线、端接、理线、标签，安装应用终端如：WiFi设备、GPON/EPON设备、分光器、室内5G智能家居终端设备、无线网络摄像头、光纤面板、5G终端设备供电系统，铜缆跳线制作与安装等，线缆管理，通过测试设备，进行工程项目验证测试。通过PC机等终端设备实现监控和网络应用，检查显示网络状况。还包括真实工程场景、项目管理、文明施工、健康安全和环保规范。

赛题评分标准对接国际标准等，展示培养参赛者专业核心技能。赛题评分标准对接国际标准、国家标准、1+X职业技能标准和专业教学标准，同时借鉴世界技能大赛的职业技能标准和技术规范。设置光纤熔接速度竞赛的内容，更具有观赏性和示范性。展示了实际工程工作模式，提高了参赛选手的个人操作能力。通过5G终端布线以及项目管理、计划与设计、速度与工艺、安装与调试、维修与维护、安全与健康等内容，提高了选手新技术、新工艺、新规范应用能力以及全面的职业素质。

5G通信网络布线项目展演过程中展示的选手技能要求主要包括：根据技术标准的具体要求，完成5G网络规划、光纤熔接规范、小型5G发射塔光缆敷设、接续和ODF安装、承载网和核心网的模拟调试、布线系统的施工、排除故障、对5G终端安装及运维，并进行无线技术和网络应用的实施。参加5G通信网络布线展演项目的选手应具备5G通信网络布线的知识与技能，必须了解5G通信网络布线设计的要求，能够在国际标准下（主要是ISO的OSI/RM物理层标准），进行光缆和智能家居办公物联网应用的施工与测试。选手也必须要在展演过程中选择适当的材料和消耗品。要求选手具有一定的知识水平和理解行业标准，遵守规范，注重质量，关注细节，精通技术，技艺精良。

2.基于实践的创新探索，逆向促进企业技术改进

5G通信网络布线赛项涉及华为、日本藤仓、烽火、中电41所、吉隆通信、唯康等多家通信类公司，在竞赛过程中，选手使用光纤熔接机进行光纤竞速熔接，在此环节中，经常会出现熔接机故障，后经过与熔接机生产厂家沟通，发现并不是熔接机的问题，而是选手在光纤竞速的过程中，速度已经超过了熔接机的工作强度，才会导致熔接机短暂故障，竞赛项目也促进了熔接机生产厂商改进产品技术指标。通过竞赛力争在通信网络中的光纤熔接领域形成国内通信企业联盟态势，以选手在光纤熔接中出现的问题推动生产厂商迭代现有技术，形成一种选手与企业共同进步的局面，既提高选手，又助力企业。

（二）智能网联汽车技术

1.以工程实践岗位技能为基础，设计展演模块

赛项根据智能网联汽车产业发展趋势，围绕智能网联汽车智能驾驶与网联技术，基于车联网产业链企业在实际工作岗位中对相关技术人才的需求，关注智能网联汽车设计、制造、应用和服务能力。参赛选手需根据技术标准的具体要求完成对智能化模块及部件的安装、调试和故障排除；进行智能网联汽车虚拟仿真测试；根据给定场景和任务要求，完成智能网联汽车场地综合道路测试。相应地参赛选手需具备按照技术手册完成环境感知、决策规划、控制执行、无线通信、车载网络等系统软硬件的装配、调试与标定能力，按照技术手册完成环境感知、决策规划、控制执行、无线通信、车载网络等系统软硬件的故障检测与排除的能力，按照要求完成指定路线保障车辆自动驾驶的能力。

赛项共设 3 个展演模块，在一天内完成展演过程，总体展演时间为 4 小时，模块一用时 2 小时，模块二用时 1 小时，模块三用时 1 小时。

模块一：智能网联汽车传感器与计算平台的装调

包括安全防护、设备和工具检查，车辆 CAN 及 ETH 通讯调试，智能化模块及部件筛选，智能化模块及部件装调，线束连接与布置，智能化模块及部件故障排除，智能传感器标定，静态验证等展演任务。

模块二：智能网联汽车虚拟仿真测试

包括基于实车的虚拟仿真环境搭建，目标车辆相关参数设置，被测试车辆参数配置，智能驾驶功能仿真测试，下载测试报告等展演任务。

模块三：智能网联汽车场地综合道路测试

包括车辆转移至户外场地，接入综合场地道路云控系统，组合导航的标定，场景布置及起始点终点设置，综合道路测试等展演任务。

2. 基于工程实践项目，采用模拟真实工程场景的展演装备

展演设备采用国汽（北京）智能网联汽车研究院有限公司开发的智能网联汽车技术平台，该平台包括智能网联汽车场地传感器与计算平台、智能网联汽车虚拟仿真测试平台和智能网联汽车综合道路测试平台。智能网联汽车传感器与计算平台包括线控车辆、车规级计算平台、激光、视觉、毫米波、超声波、卫星与惯性组合定位导航等自动驾驶系统等；智能网联汽车仿真平台主要包括基于虚拟仿真环境下的智能感知传感器的测试以及整车智能网联功能的测试；智能网联汽车综合道路测试平台主要包括智能网联被测车辆、目标车辆、路侧设施等，实现单车智能化与网联功能的测试，支持人机共驾测试。通过智能网联实车的装调、虚拟测试以及实车场地综合道路测试三位一体的组合方式为智能网联汽车技术技能展演比赛提供规范、系统、可操作的技术支持平台。

感知融合技术方面，比赛平台安装了激光雷达、视觉摄像头、毫米波雷达、超声波雷达、卫星与惯性导航系统等，比赛过程中选手根据技术标准的具体要求完成对智能化模块及部件的安装、调试和故障排除，这些工作内容对接智能网联汽车企业的智能网联汽车传感器标定、测试工程师助理及产品研发助理岗位等的真实工程实践项目。

（三）嵌入式技术应用开发

1. 以工程实践岗位技能为基础，设计展演模块

赛项以电子信息工程技术、物联网应用技术、应用电子技术等专业核心技术技能作为主要内容，重点展示嵌入式微控制器技术及应用、传感器技术及应用、RFID技术及应用、无线传感网络技术及应用、移动互联技术及应用、Android应用开发、机器视觉技术及应用、智能语音技术及应用、嵌入式人工智能与边缘计算技术及应用等嵌入式技术核心知识和核心技能成果。

主要分为嵌入式应用程序开发与嵌入式边缘计算应用开发两个展演模块。

模块一：嵌入式应用程序开发

共计3个小时，参展队伍需要完成嵌入式应用程序开发任务，选手可以在嵌入式微控制器应用程序开发、开源硬件应用程序开发与智能视觉摄像头应用开发等方面进行任务分工。

模块二：嵌入式边缘计算应用开发

共计3个小时，参展队伍需要完成嵌入式边缘计算应用开发任务，选手可以在嵌入式移动终端应用程序开发、信息编解码应用程序开发、边缘计算应用程序开发等方面进行分工。

2.基于工程实践项目场景，设计展演平台与系统

展演平台（主、从车）基于智慧交通综合应用实训沙盘完成自动化任务的展示、测评，智慧交通综合应用实训沙盘是基于智能传感器、无线传输技术、大规模数据处理与远程控制等物联网核心技术与云计算技术高度融合而开发的。系统针对展演平台进行深度定制，以特定的协议报文进行数据交互，实现车、路、云三方协同，可在云端完成对现实沙盘中标志物套件运行状态的实时3D展示，以及智能行进路线、摄像头图像、车载设备状态的实时数据现实与交互。

（四）中医传统技能

1.以真实完整的全人生康养场景为基础，设计展演项目

赛项将中医辨证论治和整体观的基本理论"治未病观"与全人生康养相融合，以"远古·现代·未来，中医传统技能护佑人类家园，构建美好生活"为主题，以中医传统技能、园艺疗法、芳香疗法等基本原理为依托，以中医传统功法及康养技术、花艺、茶艺、食艺为载体，通过普及专业的辨证施治、治未病、中医适宜技术、健康养生与艺术等知识，培养健

康身心，构建和谐的精、气、神关系，有效地调节人的精、气、神达到平衡与最佳状态，形成"生理—心理—社会"健康生活模式。

项目一：**推拿按摩**

1名参赛选手操作"经络腧穴解剖台"；1名参赛选手操作"经络腧穴铜人"；1名参赛选手在患者身上进行推拿按摩。

项目二：**中医四诊**

2名参赛选手采用传统"望、闻、问、切"方法进行疾病诊断；2名参赛选手使用"望诊仪"进行疾病诊断；2名参赛选手使用"脉诊仪"进行疾病诊断。

项目三：**新生儿抚触**

2名参赛选手对新生儿模拟人进行抚触操作演示。

项目四：**耳穴压窦**

项目五：**药用植物插花**

3名参赛选手插制"清燥解热"主题的花艺作品。

项目六：**中药香囊制作**

3名参赛选手分别通过研磨、过筛、称量、混合等过程制作芳香辟秽香囊。

项目七：**花果茶制作**

3名参赛选手泡制适合夏季饮用的清心泻火、解毒润燥花果茶，同时进行茶艺展示。

项目八：**八段锦**

6名参赛选手展示八段锦功法。

2.基于传统中医与现代技术融合发展趋势，采用智能化竞赛装备

赛项充分体现中医药发展古今交融，守正创新的特点，突出体现传统中医技能与现代科技的有机结合，主要采用中医望诊信息采集仪、中医切脉信息采集仪和中医经络腧穴解剖教学平台作为竞赛装备。

（1）中医望诊信息采集仪

专为中医望诊实训教学设计，内置大量真实、丰富的临床案例，引导步进式诊断实训方式便于学员系统学习望诊技能。该设备可对舌相进行标准化信息采集与分析，记录并保存不同时期舌相特征信息，便于临床见习实训，缩短教学与临床工作的差距。

（2）中医切脉信息采集仪

专为脉诊教学培训设计，该设备采用高精度防过载采脉装置，将标准化病人的三部九候抽象的脉象手感转化为18组采脉图谱与数字化的脉图特征分析数据，并支持保存病人不同时期的脉图结果，便于学生临床使用，同时又利于进行客观量化的追溯与分析掌握病情发展过程，缩短教学与临床工作的差距。

（3）中医经络腧穴解剖教学平台

将中医经络腧穴与3D虚拟现实技术相结合，以最新国标为准，包含人体解剖数据与中医理论数据，平台内的经穴注释出自历代经典中医典籍原文与注解。

（五）中餐烹饪

以真实完整的中餐宴席制作为基础，设计展演模块

赛项以"健康饮食 共享生活"为主题，以展现中华美食的色、香、味、形，打造高端、正宗的中餐宴席设计与制作为背景。展演包括"四必须一综合"，四必须指宴席中必须包括中餐热菜、中餐面点、创意冷菜和果盘制作四个部分，包括4道凉菜、6道热菜、2道面点、1道果盘；一综合是将包括四必须中的菜例辅以其他搭配与设计将一桌符合主题要求的中餐宴席作品呈现出来，并配以讲解。根据宴席主题进行宴席设计并形成设计书，在规定时间内团队现场合作完成整桌宴席制作，形成与宴席设计书相符的宴席作品，最后由团队成员合作在指定的场地和展台上展示宴席作品，并由1名选手完成中英文陈述和现场答辩。

模块一：宴席设计

根据当前餐饮市场需求和发展趋势，以现场提供的烹饪原材料为基础，结合展演主题设计一桌8人宴席作品，全面反映展演团队的整体宴席设计理念，展现中餐烹饪多样性的烹饪手法。

（1）宴席以中餐为主，包括4道凉菜、6道热菜（除1道汤羹外，其余5道热菜，每道热菜的主料须使用蔬菜类、水产类、家禽类、牛羊肉类、豆制品类中的一类，且每种原料类别作为菜肴主料不得重复使用）、2道面点、1道果盘。

（2）宴席设计书必须涵盖六项要素：主题内容、菜点设计、菜单制定、营养分析、安全控制和原料清单。

（3）主题设计鲜明，创意突出，菜式结构合理有序，营养搭配合理，风格和谐一致。

（4）宴席菜单结构合理、完整有序，美观大方。菜品与菜名名副其实并烘托主题，文字说明简要明了。

（5）原料清单符合菜点设计与制作要求，品种与数量合理，做到物尽其用。每道菜品配有翔实的分析，并做到整桌宴席营养均衡。

（6）针对宴席设计安全控制措施，保证宴席食品安全。

模块二：菜点制作

（1）赛项执委会为展演队提供原材料目录清单，目录内的原材料应在清单内选择，由执委会提供。目录清单外的原材料及果盘制作所需原材料由参加展演的院校自行准备。自带的原材料可作为制作菜品的主料或配料使用。

（2）选手按照宴席设计书，在指定场所在规定的300分钟内完成宴席全部菜品的制作，包括凉菜4道、热菜6道、面点2道、果盘1道。

（3）宴席制作所需基本原料、基础调味品、厨房器具及常用设备设施由赛项执委会统一提供，餐具及展演辅助工具自备（禁止携带电动工具入场）。

（4）菜品制作技术和操作过程要求如下：

①操作规范，技法得当，流程合理，投料准确，按时完成；

②原料选取符合菜肴设计与制作的要求，原料利用率高；

③刀功熟练、均匀，技艺新颖，造型美观；

④烹法恰当，火候适宜，技法明显，体现地域特色；

⑤操作区整洁干净，原料及作品保存合理，垃圾分类处理得当。

模块三：宴会设计陈述

各参赛队在宴席制作完成后指定一名展演选手对宴席设计方案的主题和特点分别用中英文进行陈述，用时不能超过5分钟，陈述做到内容全面，主题突出，表述清晰，仪容仪表得体。

（六）中华茶艺

以真实完整的企业茶艺服务项目为基础，设计展演模块

赛项真实还原企业茶艺服务项目工作场景，体现完整工作任务，以倡导"茶为国饮"，弘扬优秀茶文化、中国茶道精神为指导，以泡好一杯茶和呈现茶艺美为目的，设计规定茶艺与自创茶艺两个展演模块。参赛选手在规定茶艺模块中集中展示茶艺礼仪、茶汤质量、茶艺技巧等核心技能，在自创茶艺模块完成茶席布置、茶艺解说、茶艺创新等展演。

模块一：规定茶艺演示

在中国茶道精神指导下，以泡好一杯茶汤、呈现茶艺之美为目的，统一茶样、统一器具、统一基本流程，动态地演示泡茶过程的茶艺展演形式。本模块指定绿茶玻璃杯泡法、红茶瓷盖碗泡法、乌龙茶紫砂壶双杯（品茗杯、闻香杯）泡法共3套基础茶艺。本模块比赛所用茶样的质量等级相当，由赛项组委会提供，分别为绿茶、红茶、乌龙茶。

绿茶规定茶艺演示步骤：备茶—备具—备水—端盘上场—布具—温杯—置茶—浸润泡—摇香—冲泡—奉茶—收具—端盘退场。

红茶规定茶艺演示步骤：备茶—备具—备水—端盘上场—布具—温盖碗—置茶—冲泡—温盅及品茗杯—分茶—奉茶—收具—端盘退场。

乌龙茶规定茶艺演示步骤：备茶—备具—备水—端盘上场—布具—温壶—置茶—冲泡—温品茗杯及闻香杯—分茶—奉茶—收具—端盘退场。

模块二：自创茶艺演示

在中国茶道精神指导下，以泡好一杯茶汤、呈现茶艺之美为目的，选手自行设定主题、茶席和背景、流程、音乐，并将解说、演示等融为一体的茶艺比赛形式。类型自选，主题健康、形式多样，如调饮茶艺、民族茶艺、民俗茶艺、校园茶艺、科普茶艺等，作品主题、所用茶品不限，但必须含有茶叶。创作背景音乐、茶具、茶叶、服装、桌布等有关参赛用品由选手赛前自备，展演时可邀请1—3名助演人员共同完成比赛。

七、展演类：能工巧匠单元

（一）人工智能配网带电作业机器人

以真实工作实践中的技术创新，展示能工巧匠技能报国故事

赛项以能工巧匠在工作实践中的技术创新，展示能工巧匠的技能报国故事。赛项邀请国网天津滨海供电公司运维检修部配电运检室党支部副书记兼配电抢修班班长张黎明，曾荣获"时代楷模""改革先锋""最美奋斗者"等诸多荣誉称号，被誉为"点亮万家的蓝领工匠"，奋战在电力抢修一线30多年，将工作经验和所学的专业知识融于创新创造。赛项展示张黎明团队研发的人工智能配网带电作业机器人，有效解决一线工作的安全和效率问题，获得习近平总书记的高度评价，夸奖"职工创新团队实践出真知"。

第四代配网带电作业机器人，可以从事1万伏的高压带电作业，团队应用带电作业的经验和技巧，解决了绝缘、电磁干扰等关键技术，开创了电动臂带电作业的新路径，至今已在全国20个城市推广应用17000多次，产值达7个亿，利税3500多万元。

（二）疏浚技术与疏浚设备

以真实工作实践中的技术技能传承，展示能工巧匠技能成才故事

赛项以能工巧匠在工作实践中的技术技能传承，展示能工巧匠技能成才故事，寄语职业院校小将成长为大国工匠。赛项邀请中国交通建设集团有限公司高级技师张玉春，是我国疏浚领域的技术能手，先后获得"全国技术能手"等一系列技术能手称号。赛项展示疏浚技术与疏浚装备，介绍桃李天下的技术能手张玉春的技能成才故事，介绍张玉春带徒故事，展示技术技能传承。

赛项展示具有疏浚行业特色的，疏浚船舶技术工艺、疏浚船舶技术改革在日常施工生产中的技能操作与应用。同时，介绍中交集团张玉春高级技师的技能成才故事以及技术技能传承故事。张玉春高级技师毕业于职业院校，在中交集团从事疏浚工作40余年，从一线的船上操作岗位，到管理岗位，再成为局级和部级的技能大师。中交集团始终坚持"人力资源是第一资源"的发展理念，厚植百余年技术工艺经验，紧扣高技能人才培养这一主题，打造创新成果的展示窗口、绝技绝活的传承纽带和技能人才的成长平台，为取得技师、高级技师的员工提供技能补贴，锻造了一支"召之即来、来之能战、战之必胜"的高质量疏浚船员队伍。张玉春技能工作室成立至今，培养徒弟20余名，获得全国技术能手、全国五一劳动奖章、全国交通技术能手等荣誉称号。

（三）航天航空

以真实工程实践中的顶端科技研发到落地全过程，展现顶端科技、工程实践与职业教育的链条式对接

赛项以大国工匠在真实工程实践中的顶端科技研发，以及顶端科技成果落地全过程，展现顶端科技、工程实践与职业教育的链条式对接，展现职业教育在尖端科技落地中最后一公里的重要作用，展望职业教育与工程实践对接融合的未来趋势。赛项邀请了明东教授，他是第十四届全国政协委员，天津大学副校长、讲席教授，天津大学医学部执行主任、医学工程与转化医学研究院院长、卫健委国家健康医疗大数据研究院长、教育部智能医学工程研究中心主任、天津脑科学与类脑研究中心主任、脑机交互与人机共融海河实验室执行主任，九三学社天津市委副主委，曾获第24届中国科协求是杰出青年奖。赛项展示明东团队在航空航天应用相关脑机接口"国之重器"科技成果研发，以及人工智能医疗器械等相关脑机接口顶端技术研发，展现高精尖设备的使用、生产、维护都与职业教育间的密切关系。

面向航天需求，团队研制国际首套空间站在轨脑机交互系统、太空专用脑电采集设备，相关技术应用于"神舟十一号""神州十三号""神州十四号"载人飞行任务中。其中最主要的是芯片，团队联合中国电子设计了全球首款脑机接口编解码专用芯片"脑语者"，作为"国之重器"科技成果代表入选国家"十三五"科技创新成就展。芯片中集成了团队二十多年来深耕脑机接口的关键成果，实现了国际上最精准、最大指令、最快速、强交互的成果。布局形成了国际最大最全面的脑—机交互专利池，获第十九届中国专利奖和IEEE杰出贡献奖。以脑机接口技术为核心，团队进一步自主研发了"神工—谛听"脑电放大器系统、全球首台人工神经康复机器人系统"神工一号"，设计了面向手部康复的"灵犀指"系统和"神工—神甲"系列下肢康复机器人。这两项成果分别入选了工信部与国家药监局"人工智能医疗器械创新任务"揭榜产品。

团队研发过程与中国电子集团的技术人员进行深度合作，职业教育培养的技术技能人才承接着自主研发高端设备的生产、使用、维护维修以及设备使用过程中的技术提升。赛项展望未来职业教育与工程实践更加深入地对接融合，培养综合性的技术技能人才。

八、展演类：非物质文化单元

略。

第四章

国内外重要技能赛事概览

4

本章重点对世界技能大赛、德国技能大赛、瑞典技能大赛、澳大利亚技能大赛、俄罗斯技能大赛、美国技能大赛，以及中华人民共和国职业技能大赛、"一带一路"国际技能大赛等技能赛事的组织架构、运行机制、赛项设置、文件体系进行了梳理和归纳，通过借鉴国内外重要技能赛事的先进经验与特色亮点，为世界职业院校技能大赛的创新设计与组织实践提供重要参考。

　　◆中华人民共和国职业技能大赛是经国务院批准、人力资源社会保障部主办的综合性国家职业技能赛事。

　　◆"一带一路"国际技能大赛由人力资源社会保障部、国家发展改革委、国家国际发展合作署、重庆市人民政府共同主办。

　　◆世界技能大赛大部分竞赛项目采用模块化形式设置赛题。

　　◆德国技能大赛主要包括全国职业技能锦标赛、区域职业技能锦标赛。

　　◆瑞典技能大赛竞赛项目的设置与行业共同发展，以保证竞赛任务、赛题相应行业企业所要求的能力、技能和知识，加强企业与学校的合作，使竞赛成为学生保证知识水平的绝佳方式。

　　◆俄罗斯技能大赛主要有俄罗斯全国职业技能大赛、俄罗斯未来技能大赛和俄罗斯青少年职业技能大赛。

国内外重要技能赛事的先进经验与特色亮点，为世界职业院校技能大赛的创新设计与组织实践提供重要参考，本章重点围绕技能赛事的组织架构、运行机制、赛项设置、文件体系等，梳理了中华人民共和国职业技能大赛、"一带一路"国际技能大赛、世界技能大赛、德国技能大赛、瑞典技能大赛、澳大利亚技能大赛、俄罗斯技能大赛、美国技能大赛等。

一、国内重要技能赛事概况

（一）中华人民共和国职业技能大赛

1.组织架构[①]

（1）组委会。人力资源社会保障部牵头成立第一届全国技能大赛组委会（以下简称组委会），负责统筹决策和部署推动赛事各项工作。组委会下设秘书处、技术工作组、活动指导组、新闻宣传组等，负责协调落实组委会各项决议事项，成立监督仲裁委员会（以下简称监督仲裁委），负责赛事组织实施监督、争议仲裁和违规处理。其中，技术工作组负责组织制定竞赛技术工作方案；编制第一届全国技能大赛竞赛技术规则；对竞赛各环节技术工作提出规范要求；提出各项目裁判长人选；参照世界技能大赛技术标准、国家职业技能标准（三级/高级工及以上）或行业企业评价规范相应等级，组织各项目编制技术工作文件并命题；指导协调第一届全国技能大赛执委会（以下简称执委会）实施技术保障和赛务保障；指导协调执委会组织开展技术对接、赛前培训；指导协调或根据职责参与处理竞赛过程中的突发情况等。

---

① 人力资源社会保障部办公厅关于印发中华人民共和国第一届职业技能大赛竞赛技术规则的通知[EB/OL].（2020-09-04）[2021-01-24]. http://www.mohrss.gov.cn/wap/zc/zcwj/202009/t20200908_385146.html? eqid=91c6bc20001ee182000000026432090c.

组委会聘请思想道德素质高，有意愿、有精力且熟悉竞赛工作的行业技术及管理专家加入技术工作组和监督仲裁委，参与第一届全国技能大赛期间技术支持和巡查、督导及仲裁等工作。遴选确定各项目裁判长，由其组织制定技术文件、命制比赛试题、确定评判标准、负责比赛评判工作等。裁判员由组委会在具有相应项目执裁经验的人员中择优选择或由各参赛队等额推荐，裁判员数量视各项目比赛实际需要确定。

（2）执委会。广东省、广州市有关单位组建第一届全国技能大赛执委会（以下简称执委会），负责具体落实赛事组织协调、技术实施、开闭幕式活动、交通食宿服务、健康安全服务保障等工作，组建执委会办公室，承担第一届全国技能大赛各项工作的日常组织、协调与管理，根据国家及广东省疫情防控相关政策要求，组织制定第一届全国技能大赛期间疫情防控方案和预案，报执委会审定并报组委会备案；统筹推进大赛各项重点工作，组织编制《赛务手册》等。执委会办公室设综合协调部、赛务保障部、技术保障部、监督仲裁协助部、后勤保障部、安全保障应急部等14个工作部。其中，赛务保障部和技术保障部承担大赛各项技术工作的具体落实与实施；负责大赛各竞赛项目技术保障及赛务保障等工作；组织技术对接、赛前培训；组织落实各竞赛项目所需场地及设施设备等各项技术保障和赛务保障；在组委会技术工作组指导下，做好全国技能大赛系统报名和分数录入工作，提供系统使用保障环境；具体落实竞赛报名工作；及时妥善处理赛场突发情况等。

竞赛结果需要进行第三方检测评判的项目，执委会可委托具有行业权威机构以上认证资质的第三方专业检测机构成立检测组，使用符合竞赛技术要求的设备检测并出具独立的检测报告，或采取各方认可的其他公平公正方法完成检测。鼓励组织志愿者在竞赛期间提供志愿服务。执委会选派熟悉比赛场地、设施设备技术要求的专业人员担任场地经理，负责各项目比赛设施设备和工具材料等技术保障工作。上海市选派第46届世界技能大赛各项目场地经理协助各项目开展工作，为举办第46届世界技能大赛积累办赛工作经验。

2.文件体系

（1）管理文件

表4-1 中华人民共和国职业技能大赛管理文件

文件名称	主要内容	附件
（人力资源社会保障部）关于举办中华人民共和国第一届职业技能大赛的通知（人社部函〔2020〕57号）	指导思想；工作目标；竞赛安排；组织工作；技术工作；奖励政策	1 第一届全国技能大赛竞赛项目 2 第一届全国技能大赛行业部门参赛名单
关于中华人民共和国第一届职业技能大赛技术文件编制参考标准和裁判员推荐有关事项的通知（人社职司便函〔2020〕45号）	第一届全国技能大赛技术文件编制参考标准；第一届全国技能大赛裁判员推荐工作	1 第一届全国技能大赛世赛选拔项目技术文件编制参考标准表 2 第一届全国技能大赛国赛精选项目与国家职业技能标准对应表 3 第一届全国技能大赛裁判员应具备的基本条件 4 第一届全国技能大赛部分国赛精选项目裁判员具体要求
中华人民共和国第一届职业技能大赛竞赛技术规则（人社厅发〔2020〕91号）	总则；组织机构；相关人员；前期准备工作；组织实施；附则	1 第一届全国技能大赛部分国赛精选项目裁判员具体要求 2 第一届全国技能大赛裁判长助理申请表 3 第一届全国技能大赛裁判长工作评估表 4 第一届全国技能大赛竞赛行为规范承诺书 5 第一届全国技能大赛×××项目技术工作文件样例及撰写格式要求 6 第一届全国技能大赛技术工作时间表 7 第一届全国技能大赛评判修改记录单 8 第一届全国技能大赛参赛选手安全、健康承诺书 9 第一届全国技能大赛违规行为处理登记表 10 第一届全国技能大赛问题或争议处理记录表

（2）技术工作文件

每一项竞赛项目的技术文件需参考《关于中华人民共和国第一届职业技能大赛技术文件编制参考标准和裁判员推荐有关事项的通知》中的《第一届全国技能大赛世赛选拔项目技术文件编制参考标准表》《第一届全国技能大赛国赛精选项目与国家职业技能标准对应表》，以及《中华人民共和国第一届职业技能大赛竞赛技术规则》中的《第一届全国技能大赛×××项目技术工作文件样例及撰写格式要求》进行编制。

《第一届全国技能大赛世赛选拔项目技术文件编制参考标准表》，明确了各项世赛选拔项目技术文件的编制参考标准，及对各项世赛选拔项目的简要描述。

《第一届全国技能大赛国赛精选项目与国家职业技能标准对应表》，明确了各项国赛精选项目与国家职业技能标准的对应，及对各项国赛精选项目的简要描述。

《第一届全国技能大赛×××项目技术工作文件样例及撰写格式要求》，规定了技术文件的主要内容包含该项竞赛项目的技术描述，试题与评判标准，竞赛细则，赛场、设施设备等安排，安全、健康规定等。其中，技术描述需包括本项目的考核目的，参赛选手应掌握的理论知识，需具备的能力，需完成的基本工作任务描述，考核技术要点及竞赛所执行的专业技术规范和标准介绍等。试题与评判标准需说明试题（样题）包含的基本内容（如分为几个模块或部分，各模块或部分的具体内容等），以及试题命制的办法、基本流程及公布方式；比赛时间安排及试题具体内容；评判标准的分数权重、评判方法、成绩并列的处理办法。竞赛细则具体说明本项目比赛的具体流程、时间安排，提出了选手、裁判人员及相关技术赛务支持人员的比赛纪律、道德要求等。赛场、设施设备等需说明竞赛场地、工位安排布局图，竞赛设施设备、工具及原材料品种、数量、技术参数，配套设施要求，参赛选手自带工具清单等。安全、健康规定需说明竞赛操作安全规程、赛场安全健康保障方案和突发事件应急处理预案等。[①]

3.赛项设置[②]

第一届全国技能大赛分世赛选拔项目和国赛精选项目，共86个比赛项目。其中，世赛选拔项目63个（含第46届世界技能大赛9个新增项目），世赛选拔项目比赛作为第46届世界技能大赛全国选拔赛；国赛精选项目23个。

（1）世赛选拔项目

表4-2　世赛选拔项目

赛项分类	具体竞赛项目
运输与物流（7项）	飞机维修、车身修理、汽车技术、汽车喷漆、重型车辆维修、货运代理、轨道车辆技术（新）
结构与建筑技术（13项）	砌筑、家具制作、木工、混凝土建筑、电气装置、精细木工、园艺、油漆与装饰、抹灰与隔墙系统、管道与制暖、制冷与空调、瓷砖贴面、建筑信息建模（新）
制造与工程技术（21项）	数控铣、数控车、建筑金属构造、电子技术、工业控制、工业机械、制造团队挑战赛、CAD机械设计、机电一体化、移动机器人、塑料模具工程、原型制作、焊接、水处理技术、化学实验室技术、增材制造（新）、工业设计技术（新）、工业4.0（新）、光电技术（新）、可再生能源（新）、机器人系统集成（新）
信息与通信技术（8项）	信息网络布线、网络系统管理、商务软件解决方案、印刷媒体技术、网站设计与开发、云计算、网络安全、移动应用开发（新）

---

① 人力资源社会保障部办公厅关于印发中华人民共和国第一届职业技能大赛竞赛技术规则的通知[EB/OL].（2020-09-04）[2021-01-24]. http：//www.mohrss.gov.cn/wap/zc/zcwj/202009/t20200908_385146.html？eqid=91c6bc20001ee182000000026432090c.

② 人力资源社会保障部关于举办中华人民共和国第一届职业技能大赛的通知[EB/OL].（2020-07-05）[2021-01-24].https：//www.gov.cn/xinwen/2020-07/05/content_5524359.htm.

续表

赛项分类	具体竞赛项目
创意艺术与时尚 （6项）	时装技术、花艺、平面设计技术、珠宝加工、商品展示技术、3D数字游戏艺术
社会及个人服务 （8项）	烘焙、美容、糖艺/西点制作、烹饪（西餐）、美发、健康和社会照护、餐厅服务、酒店接待

（2）国赛精选项目

包括数控车、数控铣、电工、装配钳工、焊接、电子技术、CAD机械设计、汽车维修、新能源汽车智能化技术、木工、砌筑、室内装饰设计、网络系统管理、物联网技术、信息网络布线、珠宝加工、时装技术、健康照护、餐厅服务、西式烹调、烘焙、茶艺、社会体育指导（健身），共23项竞赛项目。

4.竞赛相关人员组织与安排①

（1）裁判人员

裁判长。在组委会领导下，秉承公平公正原则接受执委会具体管理；做好相应沟通协调，落实竞赛各项技术工作；按时、认真组织完成本项目技术工作文件的编制工作；带头坚持并维护竞赛公平公正，遵守保密纪律，不得有影响竞赛公平公正的言行；按照组委会要求和执委会安排，参加并做好本项目裁判员（含裁判长助理）的赛前培训工作，主持做好本项目赛前技术交流；采取多种措施保证公平公正，组织全体裁判员（含裁判长助理）做好本项目评判和相关技术工作；组织本项目开展技术总结和技术点评。

---

① 人力资源社会保障部办公厅关于印发中华人民共和国第一届职业技能大赛竞赛技术规则的通知[EB/OL].（2020-09-04）[2021-01-24]. http://www.mohrss.gov.cn/wap/zc/zcwj/202009/t20200908_385146.html? eqid=91c6bc20001ee182000000026432090c.

裁判长助理。协助裁判长做好执裁各项组织工作；完成裁判长安排的相关工作。

裁判员。参加赛前培训和技术讨论，熟练掌握竞赛技术规则；对有争议的问题提出客观、公正、合理的意见和建议；服从裁判长工作安排，认真做好本职工作；公平公正执裁，不徇私舞弊；坚守岗位，严格遵守执裁时间安排，保证执裁工作正常进行。

世赛选拔项目裁判长由组委会依据前述条件及遴选评估工作方案遴选确定；国赛精选项目的裁判长原则上依据先行拟定的产生办法，由参赛项目所属行业组织推荐，报经组委会审核确定。世赛选拔项目与国赛精选项目裁判员分别推荐，人员不重复、不交叉。国赛精选项目中烘焙、时装技术、社会体育指导（健身）3个项目采取第三方执裁方式（以下简称第三方执裁）。除第三方执裁项目外，各参赛队每个参赛项目限推荐1名裁判员（以下简称集体评判）。

在组委会领导下，执委会落实裁判人员具体管理工作，包括培训与评估。

（2）技术与赛务保障人员

场地经理及助理。执委会为各竞赛项目设场地经理及助理各1名。场地经理负责组织相关工作人员做好竞赛设施设备、工具、材料落实及场地布置，参与赛务管理手册编制，配合裁判长做好技术工作文件编制、赛前准备和现场技术支持与后勤保障等工作。场地经理和助理，在竞赛期间，应全程在竞赛区域值守。场地经理助理根据场地经理工作安排，负责协助场地经理开展相关工作。

其他技术与赛务保障人员。包括由执委会为各项目配备的竞赛联络员、技术负责人、录分员及赛务保障人员。具体职责是按照本竞赛技术规则规定和大赛统一要求，在执委会相关部门领导下做好相应的竞赛保障工作。

技术与赛务保障人员管理。场地经理及助理，以及其他技术与赛务保障人员的遴选、培训及工作评估，由执委会制定相应的工作办法并具体实施管理。

（3）领队

各地区（行业）安排1名本地区（行业）人社部门（人事劳动保障工作机构）竞赛工作负责同志，担任第一届全国技能大赛本参赛队现场领队，负责组织本参赛队各参赛项目裁判员、参赛选手按照相关要求参赛，维护竞赛纪律和秩序，承担本参赛队的安全责任（除各参赛项目安全规程规定外）并落实防疫工作要求，代表本参赛队监督竞赛过程，按照程序反映竞赛期间的相关问题，维护本参赛队的正当权益。领队可配备领队助理1名（超过60个参赛项目可配备2名），领队助理由本地区（行业）人社部门（人事劳动保障工作机构）竞赛工作相关人员担任，负责协助领队做好本参赛队日常服务保障工作。

（4）执裁观察员

第46届世赛光电技术、移动应用开发、轨道车辆技术等3个项目技能竞赛经理，作为执裁观察员，在赛前可参与本项目赛前技术准备工作；比赛期间，可参与到本项目裁判组中做全程技术观察（含参与裁判组会议），但不参与裁判组工作，不干涉、不干扰裁判长组织执裁工作。在裁判长工作允许时，可与裁判长进行相关交流。

（5）保障观察员

来自上海的第46届世赛各项目的场地经理和场地区域经理，作为保障观察员，按照竞赛相关规则要求及裁判长、场地经理安排，在比赛期间，可全程观察本项目的各项技术赛务保障工作，在场地经理工作允许的情况下，可与其进行相关交流。

（二）"一带一路"国际技能大赛[①]

为弘扬"和平合作、开放包容、互学互鉴、互利共赢"的丝路精神，加强"一带一路"国家技能交流与合作。2019年5月下旬在重庆市举办"一带一路"国际技能大赛。

1.组织机构

大赛由人力资源社会保障部、国家发展改革委、国际发展合作署、重庆市人民政府共同主办，重庆市人民政府承办。成立"一带一路"国际技能大赛组委会，负责大赛的组织领导、统筹管理、总体安排等。组委会领导设主任2名，分别是人力资源和社会保障部部长和重庆市人民政府市长；副主任4名，分别是人力资源和社会保障部副部长、国家发展和改革委副主任、国家国际发展合作署副署长、重庆市人民政府副市长；委员10名。工作机构下设综合协调组、对外工作组、技术支持组、保障服务组、新闻宣传组，每组设组长、副组长、成员，由组委会委员成员担任每组组长。

重庆市组建大赛执行委员会，具体承办比赛组织实施工作。

2.比赛项目

大赛设置18个比赛项目：电子技术、水处理技术、汽车技术、货运代理、砌筑、电气装置、精细木工、油漆与装饰、管道与制暖、信息网络布线、时装技术、花艺、烘焙、美容、烹饪（西餐）、美发、健康和社会照护、餐厅服务。

---

① 人力资源社会保障部 国家发展改革委 国际发展合作署 重庆市人民政府关于举办"一带一路"国际技能大赛的通知.[EB/OL].（2019-02-02）[2021-01-24]. http：//www.mohrss.gov.cn/xxgk2020/fdzdgknr/rcrs_4225/jnrc/202112/t20211227_431436.html.

二、国外重要技能赛事概况

(一) 世界技能大赛

1.组织架构[①]

世界技能组织的管理机构包括全体大会（General Assembly）和董事会（Board of Directors），常务委员会包括战略发展委员会（Strategy Development Committee）和竞赛委员会（Competition Committee）。

全体大会是世界技能组织的最高权力机构，由本组织成员的行政代表和技术代表构成；每个世界技能组织成员应由行政代表或技术代表行使投票权；世界技能组织每年组织召开一次全体大会。主要职责包括选举董事会成员，选择比赛和大会会议的主办方，对董事会报告和提案提出决议，批准接纳或开除组织成员等。

董事会由8名成员组成，由全体大会选举产生，任期4年，包括1名总裁兼董事会主席、2名负责竞赛委员会的董事会成员、4名负责战略发展委员会的董事会成员、1名财务主管。主要职责包括对组织全面负责；任命首席执行官；准备更新世界技能组织章程、管理程序、道德行为准则；制定战略计划并监督首席执行官的相关行动计划；监控比赛的质量；协调本组织的会议；制定各种奖项和认可及其相关成就标准等。董事会任命战略、运营、行政、市场营销与传播四个方面的首席执行官，组成秘书处，首席执行官与董事会主席一起担任世界技能组织的主要负责人。

战略发展委员会由行政代表组成，由负责战略事务的董事会成员共同管理。主要职责包括支持制定本组织的使命、愿景和战略，并实施相关的行动计划；牵头实施提高世界技能大赛在国内外市场的品牌价值和品牌认

---

① WorldSkills International.Constitution Version：3.7 [Z].2020-10-14.

知度的措施；决定技能比赛项目的录用和取消；促进青年交流等。

竞赛委员会由技术代表组成，由负责竞赛事务的董事会成员共同管理。主要职责包括设计、准备和管理能够持续可靠地支持优秀职业表现的技能竞赛项目；确保标准和评估的持续更新和改进，以符合全球工作和职业教育与培训的最佳实践和发展，其中包括确保根据组织要求创建相应技能比赛的技术说明，并定期更新以反映该技能在现代实践中的最新技术和相关能力；以高效和有效的规则、系统、程序和文件支持技能竞赛和参赛者的发展；设计、管理和审查预防和解决技术、组织和行为问题的措施；建立和监督有关任命、部署、监督和支持竞争人员等的安排等。

2.文件体系

文件体系是世界技能大赛（简称"世赛"）的运行基础。主要有《组织章程》《管理程序》《竞赛规则》《道德行为准则》4个管理文件和《技术说明》《基础设施清单》等竞赛技术文件，并指导各届世赛主办国家或地区制定组织管理等相关文件，汇总收集各届世赛举办的过程资料和数据，形成了"以管理文件体系为载体，进行'集中+分散'管理"的世界技能大赛管理模式。

（1）管理文件

《组织章程》介绍世界技能组织的规章制度。最新3.7版《组织章程》说明了世界技能组织的名称和定位，愿景、使命和目标，管理机构、常设委员会和委任官员，组织成员，财政，有关奖项、常规命令等的一般规定等。

《管理程序》说明世界技能组织的管理规则。最新3.10.1版《管理程序》说明了世界技能组织的会议参与及主持，投票的程序与平票的处理办法，董事会的选举，各类提案，成员国举办大赛的原则和要求，组织成员的管理，财政管理，管理机构和常务委员会的权力和职责，董事会成员和委任官员的权力和职责，语言、翻译和标志，纪律要求等。

《竞赛规则》定义世界技能大赛的组织和实施的决议和规则，是组织、实施世界技能大赛最重要的规范文件。最新9.1版《竞赛规则》详细说明了世赛核心价值观，官方文件，里程碑与时间线，组织管理责任归属，赛项分类，赛项技能要求，参赛者资格，赛项管理，参赛人员、专家、技术代表等的注册要求，世赛相关参赛者、组织者、专家、技术代表、口译者等利益相关者说明，赛前、赛中、赛后管理要求，技术说明要求，基础设施清单要求，赛项要求，评估与评分说明，奖牌和奖项说明，问题和争议解决办法，通讯要求，健康、安全和环境要求等。

《道德行为准则》规定如何确保竞赛公平透明、问责机制、回避制度、环境与可持续性，要求在创建新的文件、政策、程序或规则（包括竞赛规则）时，必须参阅本道德行为准则，以确保在理念和操作上符合世界技能大赛的愿景、使命和定位。最新2.2版《道德行为准则》提出对世界技能大赛对人权、可持续环境与健康、全球共同体等承诺，以及组织的道德原则、行为指南等。

（2）竞赛技术文件①

针对每一项竞赛项目制定专门的《技术说明》《基础设施清单》。

①《技术说明》

每一项竞赛项目的《技术说明》需说明该技能竞赛项目的名称，相关的工作角色或职业，世界技能职业标准，评估指南，评分方案，赛题的格式/结构，赛题的开发、选择、验证、流通和30%变更的程序，技能竞赛的实施，相关健康、安全和环境要求与规范，参赛者和专家应携带的材料和设备，禁止使用的材料和设备，技能竞赛区域布局的示例等。

———————————

① WorldSkills International.Competition Rules Version： 9.1 [Z].2021-11-19.

《技术说明》中的"世界技能职业标准"（WorldSkills Occupational Standards，WSOS）规定了支持国际技术和职业绩效最佳实践的知识、理解和特定技能。[1]它反映全球行业和企业对相关工作角色或职业的共同理解。该标准根据所需的知识和技能分解为几个部分，每个部分所占权重不同，所有分数的总和为100。技能竞赛旨在反映WSOS描述的国际最佳实践，因此，该标准是技能竞赛培训和准备的指南。

通常每个竞赛项目的世界技能职业标准由通用能力和专业能力组成。其中，通用能力通常包括工作组织与管理、人际沟通与交流等，各竞赛项目之间基本相同。专业能力则是指该竞赛项目暨该职业所特有的专业能力要求，因各竞赛项目而不同；具体内容由两部分组成，一是"了解和理解"，规定了该职业的从业者即选手应具备的理论知识，二是"应具备的能力"，规定了该职业从业者应该掌握的实践技能要求。[2]例如，精细木工竞赛项目的世界技能职业标准，对选手的工作组织和管理、人际沟通、问题解决及创新创造、图纸使用、材料准备、内部接头、组装、表面处理、安装等9个方面的基础知识、技能、能力要求做出了详细的规定，并对各部分设置了相应权重。[3]此标准还用于指导赛题的设计开发以及评分方案的制定。基于世界技能职业标准，竞赛项目的"赛题"以及"评估指南、评分方案"，应体现该标准的内容，赛题的评分项也将在竞赛项目的范围内尽可能全面地反映世界技能职业标准所规定的内容。按

---

① 注：在2015年巴西圣保罗举办的第43届世赛中，首次设立了世界技能标准规范（WorldSkills Standards Specification，缩写为WSSS），并在2022年中国上海举办的第46届世赛前修改为"世界技能职业标准"（WorldSkills Occupational Standards，WSOS）。
② 陈晓曦，张瑞.世界技能大赛的职业标准体系、专业能力建设对我国职业技能竞赛专业人才培养和职业技术教育与培训的启示[J].职业，2021（5）：18-21.
③ 饶鑫，杨静，陈慧敏，等.世赛项目与木材加工高技能人才培养对接探究——以江苏农林职业技术学院为例[J].家具，2020（4）：92-96+57.

照竞赛项目要求，评分方案和测试项目将尽可能地遵循世界技能职业标准中的权重分配。权重决定了评分方案中的分数分布。通过赛题，评分方案将仅评估标准规范中规定的那些技能。赛题应在技能竞赛的限制范围内尽可能全面地反映此标准。评分方案将在实际可能的范围内遵循标准内的权重分配。

《技术说明》将在每个比赛周期由专家审查，以确保其能反映全球行业和企业的最新实践。每一届世赛结束之后，由技能管理团队汇总本竞赛项目的各参与方专家的意见，讨论形成修订意见，并更新至下一届的世界技能职业标准（WSOS）中。

②《基础设施清单》

每一项竞赛项目的《基础设施清单》是竞赛组织者为进行该项技能竞赛而提供的材料和设备清单。基础设施清单由技术观察员（下一场比赛的车间经理）在比赛结束后的12个月内与技能竞赛经理协商后在线审查和更新。车间经理和技能竞赛经理在比赛准备周期内确定基础设施清单。在此之后不能进行进一步的更改，并且必须根据基础设施列表中商定的设备来开发赛题。

3.赛项管理

（1）赛项的行业分类

世界技能大赛项目涉及建筑和建筑技术、创意艺术与时尚、信息和通信技术、制造与工程技术、社会和个人服务、运输和物流等六大领域。世界技能大赛的竞赛项目分类特点：一是以社会行业作为竞赛项目一级分类依据，如信息及交流技术、运输及物流；二是技术技能模块化、具体化，如建筑类中又包含精细木工、木工手艺等小项；三是与当下社会潮流吻合，如流行技术；四是强化基础技术门类，如建筑类中的水管及供暖、社会及个人服务中的糖果/糕点加工等。①

（2）赛项的类别分类

世界技能大赛竞赛项目设置类别有：正式项目、演示项目、展示项目、主办国恢复项目、展览项目。项目对应的技能要求亦有不同。除展览项目外，其他项目都有对应的技能衡量标准。正式项目的技能衡量标准包括现代技能、必需技能、社交技能及传统和文化遗产技能；演示项目的技能衡量标准包括设计技能、制造技能、交流技能及市场营销技能，其中设计技能、制造技能两项技能为必须具有的；另外两项中至少要具备一项，也就是至少包括三项展示项目的技术衡量标准为展示其比赛的创新面或一种可能的新技能；主办国恢复项目的技能衡量标准为等同于正式项目或演示项目技术要求。②

（3）赛项的参赛类型分类

世界技能大赛竞赛项目设置分单项赛和团体赛。团队技能竞赛包括：制造团队挑战赛（3人）、机电一体化（2人）、移动机器人（2人）、景观园艺（2人）、混凝土建筑工程（2人）、网络安全（2人）、工业4.0（2人）、轨道车辆技术（2人）和机器人系统集成（2人）。

（4）赛项设置

①与工作实践密切相关，充分反映世界技能职业标准

世界技能大赛试题的设计理念是来源于现实职业情境中的"典型工作任务"，反映着行业生产或生活领域中所需要解决的实际问题，对照具有丰富职场经验的高级技能人才职业能力标准进行的内容设计，检验的是参

---

① 黄旭升，董桂玲.世界技能大赛与我国全国职业院校技能大赛之比较[J].职业教育研究，2012（2）：19-20.
② 刘东菊，王晓辉.世界技能大赛：标准的变化及对我国的影响[J].职业技术教育，2013（21）：34-38.

赛者"在真实工作情境中整体化解决专业问题的综合职业能力"。因此赛题的设计需充分反映该竞赛项目的世界技能职业标准对该职业所需基础知识、技能、能力要求的详细规定。例如，第44届世界技能大赛时装技术赛项要求选手在4天的18个小时内，完成立体造型制作、服装系列设计、服装设计制版、服装设计制作和服装装饰设计5个考核模块，这涵盖了服装设计、制版、制作以及装饰的完整过程，检验的是选手在真实工作情境中整体化解决综合性专业问题的综合职业能力。[①]

②模块化赛题设置

大部分竞赛项目采用模块化形式设置赛题。例如，模具项目的比赛内容包括模具设计和模具制造2个模块。2个模块各有1张零件工程图作为赛题。模具设计模块又包括产品建模和模具设计两项内容。模具制造模块包括数控编程、数控加工、抛光与装配和注塑成型等内容。

模块化赛题专业覆盖面更广。例如，网站设计开发竞赛项目共设5个考核模块，分别是CMS、Speedtest、PHP and JS、Design and Frontend、Team Challenge。这5个模块所涉及的技能，涵盖很多岗位，大多数企业会将它们拆分成前端开发工程师、平面设计师、后端开发工程师、产品经理等多个不同的岗位。世赛打造的是全能型选手，所要求的技能涉及面很广，涵盖不同工种，甚至还对选手的创意、美术素养、审美能力等有很高要求，可以说，5大模块的每一个方向就是一个专业。[②]

赛题还包含神秘模块，要求选手临场应变。例如，第45届世界技能大赛糖艺/西点制作赛项赛程为4天，共有4个模块。模块一是糖艺展示作品；模块二是庆典蛋糕制作；模块三是巧克力糖果制作；模块四是甜点制

① 周衍安.世界技能大赛对职业教育人才评价的启示——专访北京师范大学赵志群教授[J].职教论坛，2021（7）：45-52.

② 刘闻亮.探营世赛集训地[J].成才与就业，2017（3）：4-7.

作，此模块作为神秘模块，目的是考验选手的临场技能发挥。[1]

③赛题命题与抽选

世赛命题方式为开放式，一般由各参赛国家（地区）共同参与并投票产生，另外也会聘请第三方命题。以塑料模具工程项目为例，比赛的赛题由各参赛国的专家从各国提交的比赛赛题中投票选出2套。比赛前6个月，每个国家在世赛论坛上提交1套赛题供讨论，赛前3个月进行投票，得票最高的2套被选定，然后送交工业界的专业人士进行不少于30%的修改，修改内容赛前不公开。直到正式比赛的前一天，在比赛现场再由各国专家投票，从中选择1套作为比赛的赛题。[2]

世界技能组委会也会聘请第三方出题。如第43届世界技能大赛数控铣项目就是请第三方出题。这对选手职业能力是个巨大考验。依据世界技能大赛赛项技术标准培养出来的参赛选手，符合企业用人标准。[3]

④按统一格式要求呈现赛题

所有赛题（图纸和文件）必须使用世界技能组织的统一模板"TPXX"，模板以数字形式提供，可从网站或秘书处获得。竞赛试题必须附有工件的功能与结构、竞赛时间，以及必要的相关资料。

⑤赛项更新

竞赛项目具体内容的更新。各竞赛项目需接受审核检测，以确保赛项能够反映最新、最真实的行业实践和技能需求。世界技能组织规定，在大

---

① 周衍安.世界技能大赛对职业教育人才评价的启示——专访北京师范大学赵志群教授[J].职教论坛，2021（7）：45-52.

② 李伟国，张志斌，卢森锐，等.世界技能大赛及塑料模具工程项目综述[J].机床与液压，2021（10）：177-183.

③ 刘东菊.对接世界技能大赛标准 提升技能人才培训质量[J].天津市教科院学报，2016（5）：32-34.

赛的间隔期，至少25%的竞赛项目要接受外部针对其与全球经济相关度的审核检测。这样每四届大赛就对所有的竞赛项目进行了审核检测。大赛质量审查员的报告与技术委员会的推荐一起作为参考，来决定接受外部审核的竞赛项目的先后顺序。

竞赛项目的引入、退出和恢复。世界技能组织对竞赛项目制定了引入、退出和恢复的规则，并履行着严格的执行程序。新引入的竞赛项目必须先作为演示性项目在现场比赛情境下被测试，才能在两届大赛后成为正式竞赛项目。

4.竞赛制度

（1）参赛选手要求[①]

对参赛选手的主要要求是年龄，并规定参赛者应处于离开初始职业教育经历的两年内，即毕业两年内，且参赛选手一人一生只能参加一次比赛中的一项竞赛项目。根据国际劳工组织的职业分类，参赛选手面向专业人士，技术人员和技术助理专业人员，文书支持人员，服务和销售人员，熟练的农业、林业和渔业工人，手工业和相关行业的工人等职业。由此，对文书支持人员，服务和销售人员，熟练的农业、林业和渔业工人，手工业和相关行业的工人等职业的参赛选手的年龄要求是不超过22周岁，对学业年限较长的专业人士、技术人员和技术助理专业人员等职业的参赛选手年龄要求是不超过25周岁。

对具体竞赛项目中的年龄规定如下：添加剂制造、飞机维修、数字化建设、云计算、网络安全、工业设计技术、工业4.0、信息网络布线、机电一体化、制造团队挑战、光电技术、机器人系统集成、水技术等竞赛项目要求参赛选手的年龄在25周岁以内；其余项目要求参赛选手的年龄在22

---

① WorldSkills International.Competition Rules Version：9.1 [Z].2021-11-19.

周岁以内。

对参赛选手人数要求方面也有相关要求。凡首次举办的正式技能大赛项目，应有至少8个选手或团队参加。凡属第二次举办的正式技能大赛项目，应有至少10个选手或团队参加。一个新展示项目不少于6个选手或团队注册参赛。设立的演示项目不受大赛规则限制，参赛优胜者可获主办方颁发的勋章、奖章、证书等，但成绩不包含在世界技能大赛的正式获奖名单中。组委会可以邀请其他选手或团队参加技能演示。根据竞赛规则，注册登记数量不能达到要求的技能大赛项目将进入"被通报"状态或取消该项目。

（2）竞赛人员组织安排[①]

①团队负责人。各成员国在比赛期间选定团队负责人，无论团队规模大小，都至少有2名团队负责人。主要负责关心参赛选手的身心健康，规范团队记录与行为。

②技能管理团队（SMT）。每项竞赛项目都有一个SMT负责管理。由技能竞赛经理（SCM）、首席专家（CE）和副首席专家（DCE）组成。SMT的每个成员应来自不同的国家（地区）。技能管理团队需准备一份技能管理计划，详细说明从"赛前"一直到"比赛结束"进行比赛所需的计划、日程安排和任务。技能管理计划是使用 https：//skill—management.world-skills.org 上的在线工具准备的。

技能竞赛经理：指在其被任命的技能竞赛中担任首席或副首席专家或专家至少两次的人员。由世界技能组织任命，是一个中立角色，与即将参加比赛的参赛者或团队的技术培训方面、成员组织等方面没有联盟。任命仅限于一个比赛周期。主要负责管理、指导和领导竞赛项目的开发和实施。

---

① WorldSkills International.Competition Rules Version：9.1 [Z].2021-11-19.

首席专家：负责技能竞赛的完整性和安全性，并确保遵守所有相关规则、程序和评估实践，在管理专家的准备、执行、评估和评分方面发挥关键作用。如果专家无法在竞赛项目的选定、评分等环节中达成一致决定，首席专家将就此事进行表决。首席专家由技能竞赛经理经过提名、选举和批准而选定。

副首席专家：负责支持首席专家准备和执行技能竞赛，需确保本竞赛项目的技术说明的所有更改得到至少80%的专家的同意和签署，并于规定时间内将本竞赛项目的技术说明以数字形式交付秘书处。由首席专家分配职责，提名、选举和批准过程类似首席专家。

③专家。具有行业技术技能经验的人，代表成员国家（地区）参与相关技能竞赛项目的准备与评估。每个成员国家（地区）可以为其注册的每项技能竞赛项目提名一名专家。需要成员国家（地区）在世界技能国际注册系统上注册。

专家的职责：竞赛启动前，专家需完成在线专家通用和行业特定测试；查看道德与行为准则并同意，签署遵守承诺；研究官方管理文件和竞赛技术文件；准备更新技术说明的建议；完成有关世界技能大赛总体情况介绍及评估标准介绍等强制性培训。竞赛启动中，竞赛开始前，协助首席专家和副首席专家确定赛题的详细信息、用于评估的子标准方面以及分配给子标准每个方面的分数；投票选择赛题，确保将其翻译成竞争对手选择的语言；在流通的测试项目的情况下，协助对赛题进行30%的更改；保护测试项目的机密性。竞赛开始后，作为裁判员，参与评分团队的专家必须按照技能管理团队的指示，以客观和公平的方式评估参赛者的表现；确保所有参赛者都了解健康、安全和环境法规，并随后确保在整个比赛过程中严格遵守这些规则。

④技术代表。每个成员国家（地区）提名一名技术代表作为他们在比

赛中的代表。技术代表必须确保及时向本国参赛者和专家提供信息。一是确保其所有参赛者拥有相关的技术说明、竞赛规则、健康、安全和环境法规以及所有其他官方文件，以及确保所有参赛者都在网站上注册，以便他们可以直接通过参赛者中心访问所有资源。二是告知专家的详细职责，确保专家拥有所需的技术说明，比赛规则，健康、安全和环境法规以及所有其他官方文件，以及确保所有专家都在网站上注册，以便他们可以直接通过专家中心访问所有资源。

⑤技术代表助理。最多可任命两名技术代表助理，支持一名技术代表履行职责。

⑥行政代表。在战略发展委员会和全体大会中作为成员国家（地区）代表。负责了解战略发展委员会做出的重要决定，并将这些信息传达给其成员组织中的相关人员，同时向负责战略发展委员会领导的董事会成员提供反馈。

⑦竞赛委员会代表。是由负责竞赛委员会领导的董事会成员任命的技术代表，代表竞赛委员会监督一到两项竞赛项目的管理。负责与技能竞赛经理合作，确保竞赛项目的开展遵守竞赛规则，并执行竞赛委员会的决定。

⑧竞赛委员会代表组长。由负责竞赛委员会领导的董事会成员任命，担任竞赛委员会代表领导。负责向董事会成员报告，并为其团队中的竞赛委员会代表提供指导。

⑨口译员。每个成员国家（地区）自费携带翻译人员对赛题进行翻译，并在比赛期间协助交流。口译员必须确保将比赛过程中的数字文件、复印件或任何翻译文件的原件提供给首席专家存档。

⑩车间经理。由比赛主办方为每项竞赛项目指定，也可由全球合作伙伴或活动赞助商指定。主要负责保障车间装置、材料准备、车间健康、安

全和环境、车间区域总体整洁。车间经理对参赛者的行为必须是中立的，不参与有关赛题选择和评估的讨论，不参与评分。

⑪车间经理助理。经负责竞赛委员会领导的董事会成员和技能竞赛主任同意，比赛主办方可以任命一名或多名助理，他们遵守与车间经理相同的规则。

⑫车间部门经理。比赛主办方为每个行业部门任命一名车间部门经理，负责监督其行业部门的车间经理。同样保持中立角色。

⑬观察员。每个成员国（地区）都有权自费邀请观察员，如果需要访问官方活动和获取住宿，必须以与专家和代表相同的方式进行注册。其中两名行政观察员可以参加世界技能组织的国际会议和特殊的竞赛组织者活动；技术观察员是在下届比赛中担任车间经理的人；未来比赛主办方观察员是来自下届比赛组委会的人员。

⑭质量审核员。由董事会任命，负责对比赛使用的程序和做法提供独立的知情评估，以提出改进建议，并监督评分结果。

⑮标准和评估顾问。由董事会任命，负责监督世界技能竞赛评估系统，包括监督世界技能职业标准（WSOS）纳入技术说明和评估方案的情况。

⑯技能顾问。由竞赛管理团队与标准和评估顾问协商后任命。利用上届比赛的分析，审查多达10个竞赛项目的评分方案，支持技能管理团队设计和运营评分方案和评估实践。

（3）裁判制度（与竞赛人员安排中的"专家"一致）

①执裁制度。在执裁方式上，世赛是所有参赛国家（地区）派裁判参与，实行首席专家分工制，开放式执裁。以时装技术项目为例，总裁判长不参与评分，评分裁判要根据评分标准中的主观分评分项、客观分评分项进行分组，每位裁判对竞赛作品中的某几项开展评分。选手得分是将每一项小分综合计算，测算平均分后累加而来。如果裁判间的评分差距超过规

定的分值，需请总裁判长仲裁。[1]

②裁判准入计划。世界技能组织通过设立对专家的专业能力建设和认证制度——"准入计划"（Access Program）这一措施，对各成员国家和地区派出参加世赛的裁判专家开展专业能力建设，通过系列培训及认证，并辅以赛前对专家的实践技能测试等综合举措，在对专家的专业能力进行建设的同时，也对专家们的专业能力与资历、实践技能、测评能力等进行审核和甄别。[2]

以第45届世赛为例，其"准入计划"由2个必修模块和3个选修模块组成，每个模块建议学习时间为20个小时，其中包括约7个小时的集中培训和研讨以及13个小时的自学、填写表格、编写材料及提交、研讨等活动，完成所有的培训研讨和提交支撑材料并检查合格后，方可由成员国家和地区的技术代表签发证明该名参与者完成了"准入计划"认证。

（4）评分

①对应WSOS权重。世界技能大赛评分方案中的各项评分指标是根据世界技能职业标准中的权重设计的。一般情况下，世界技能大赛评分方案中的评分标准分为5—9个，每个评分标准又细分为若干个子项标准，每个子项标准设定为评分表，每个评分表包含了测量或者评价的评分项，或者同时需要经过测量和评价进行测评和打分的评分项。[3]

②主客观评分方式。世界技能大赛采用测量和评价相结合的评分方式。

---

① 张继荣，李洁.服装专业技能竞赛国赛和世赛"两赛"比较研究[J].公关世界，2021（20）：75-76.

② 陈晓曦，张瑞.世界技能大赛的职业标准体系、专业能力建设对我国职业技能竞赛专业人才培养和职业技术教育与培训的启示[J].职业，2021（5）：18-21.

③ 蓝华英.世界技能大赛引领药品检测专业群教学的思考——在解读化学实验室技术项目基础上[J].山东化工，2021（16）：213-215+217.

　　针对测量评分，也称客观评分，是委任3位裁判员按评估标准来为比赛项目结果打分。世赛的客观评分标准有着严格的评判依据，分为两种类型。一类是简单的二进制，即"是"或"否"，除另有说明外，只能判0分或者满分。例如时装技术赛项，选手绘制的系列服装款式图具备可行性，是则得0.5分，反之则0分。另一类规定有明确的扣分点，如装饰元素安装得是否稳固，每犯1处错误扣除0.5分，扣完为止。①

　　针对评价评分，也称主观评分，是针对那些无法用客观标准衡量的内容，由5位裁判员根据自己的经验打分。每个主观评分点分为4个档次，每个档次对应不同的分值，分别为0、1、2、3级，分别对应0、1、2、3分。其中，0级指表现低于行业标准，1级指表现达到行业标准，2级指表现达到并在某些方面超过行业标准，3级指表现完全超过行业标准并视为完美。②以时装技术赛项服装系列设计部分的款式细节图为例，如果选手的作品"细节不准确，制版师不能完成大部分或者全部的服装"，就要评为0分，如果"细节不够准确，制版师只能完成一小部分服装"，就要评为1分，以此类推，不同制作水平将会获得不同的分值。主观评价中，只允许各裁判员打出的分差为1分，如果分差超过2分，相关的裁判要说出理由，然后重新打分。由于测量评分的方式更具有客观性，因此，世赛的评分尽量采取测量评分的方式，2017年测量分占到大约87%，2019年更是占到90%以上。

　　③分析性量规。世界技能大赛主要采用分析性量规的方法，根据行业实际工艺标准和产品精度要求设计评分标准。分析性量规涉及范围广，内

---

① 周衍安.世界技能大赛对职业教育人才评价的启示——专访北京师范大学赵志群教授[J].职教论坛，2021（7）：45-52.
② 蓝华英.世界技能大赛引领药品检测专业群教学的思考——在解读化学实验室技术项目基础上[J].山东化工，2021（16）：213-215+217.

容非常精准，能对细节部分开展准确和详细的描述。例如，第44届世赛化学实验室技术赛项满分为100分，共分了147个评分小点，其中最大评分点的分值2分，最小评分点的分值0.15分。它对于每个细节都进行了详细的描述，比如在"分光光度法测定样品中总铁含量"的模块中对于"工作场所布置、设备准备和试剂准备"这项就详细描述了"熟悉安全和环境保护""没有打碎玻璃仪器""实验室器具标签""工作场所清洁、无试剂溢出""在专用容器内处理废物"等10个评分点，其中"工作场所组织与管理"这项评分点的分值虽然只有0.5分，还根据现场表现与行业标准进行对比分为主观评分的0—3级进行等级评分。在"标准工作曲线的图形和参数：相关性""样品结果可重复性的计算""未知样品浓度与实际浓度"等评分点中根据精度要求进行评分。它不仅包含对选手工艺技术、设计能力、创新能力、效果表达能力的考核，还关注到了对选手的工作习惯和细节意识的考查。[①]分析性量规来源于现场生产实际或产品质量的真实技术标准，它不是简单操作技能标准，目的也不是考查知识的积累水平，而是针对完成情况和技术水平，关注工作过程质量和行业规范要求。

④评分关注参赛者的技能操作是否遵循职业规范与安全标准。对每个职业的操作规范有着严格的要求，包括环境保护、场地清洁、工具摆放、安全规范等都是评分内容。比赛中，每个参赛者都必须严格遵守职场的安全操作标准，穿戴防护服鞋帽眼镜等，做好必要的安全防护措施，使用的专用工具也必须做到安全操作，做到对自己与他人的安全保护，否则就被扣分。完全做到了对职场工人技能素质、职业道德等品质的规范培养。

---

① 廖尾英，王丹，刘秋红.世界技能大赛对高职院校化工实验教学改革的启示[J].工业技术与职业教育，2021（4）：61-63.

⑤评分关注参赛者的工位组织与管理。例如，塑料模具工程项目的评分中关注工具箱的尺寸是否符合技术要求。根据节能环保的理念，世赛组织规定了工具箱的尺寸，以限制选手带特别大的工具箱。另外在工作过程中，应保证工位整洁、工具处于良好的组织状态，工具和零件不能放在地板上，不需要使用的工具不可以随意散落在工作台上。

⑥评分最终转换为500分制。评分结果输入大赛信息系统，为了使各项技能大赛项目之间分数分布能合理比较，100分制的评分结果将由大赛信息系统统一转化为标准分500分制，缩小强弱选手的分数差距，但不会改变名次及增加并列名次的概率。采用500分制计分，对教练和选手有一定的激励作用，最大程度保护选手的积极性，有利于大赛的长期性。①

通过世赛评分方案，可以看出世赛的评分呈现的特点：第一，评分点设置细致全面；第二，评分点与企业实践密切结合，贴近实际工作；第三，评分体系围绕综合职业能力，不仅考核技能，类似演讲的仪态、肢体动作等职业素养也是重要的评分项。

（5）奖项与奖励

大赛对奖项的设置是金、银、铜牌，奖牌由世界技能大赛授权的主办方颁发，正式项目及展示项目中取得第一、二、三名的选手或团队分别获颁金、银、铜牌。如果两位选手的得分在500分的基础上相差不到2分，会被授予并列奖牌，但在审定大赛结果的大会上，经技术委员会建议，全体会员大会同意的情况下也可有所变动；并列奖牌的应空缺后一个奖牌。对没有获得奖牌的500分以上的选手可以获得优秀奖，所有项目的最高得分的选手将获得阿尔伯特奖，未获得任何奖项的参赛选手将获得大赛颁发

---

① 袁名伟，张玉洲.世界技能大赛：中国大赛的差异与改进[J].职业技术教育，2013（21）：31-33.

的参赛证书。所在国家（地区）获得最高得分或最高奖项的选手将被授予"国家最优"奖。[①]此外，为了突出对产品加工精度、质量及工艺技能标准的重视，世界技能大赛允许将奖牌授予未完成比赛作品的选手。[②]

（二）德国技能大赛

1.组织架构

德国世界技能组织设会员大会和董事会作为管理机构，并设顾问委员会和世界技能委员会。会员大会每年上半年召开一次，会员来自企业、职业学校等，负责选举董事会成员，审定年度报告、年度财务报表，制定预算决定，修订组织章程等，所有正式会员都有权参与组织的决策过程以及行使他们的申请权和投票权。董事会一般包含3~7名成员，通过会员大会选举出首席执行官、副首席执行官及成员，负责领导和管理组织的所有事务、执行会员大会的决策；董事会下设办公室，负责执行组织的各项任务，包括常务董事、办公室主管、专案经理、传播与公共关系主管、项目经理等职务，常务董事由世赛行政代表担任，传播与公共关系主管同时担任德国世赛杂志主编。作为咨询机构，董事会成立执行委员会和世界技能委员会，委员会主席由董事会任命，执行委员会可以包括资金顾问、摄影、视频制作等工作人员，世界技能委员会包括各个竞赛项目的技能主管、培训师以及心理教练。

---

① 刘东菊.世界技能大赛与我国职业院校技能大赛的比较研究[J].职教论坛，2013（22）：86-91.

② 刘东菊.对接世界技能大赛标准 提升技能人才培训质量[J].天津市教科院学报，2016（5）：32-34.

2.比赛赛事

德国世界技能组织负责德国国内和国际职业技能比赛的组织、实施、协调和推广，促进和支持德国参赛者参加国内和国际比赛。主要包括全国职业技能锦标赛、区域职业技能锦标赛。

全国职业技能锦标赛、区域职业技能锦标赛的竞赛项目主要来自于世界技能大赛，包括细木工、地板工人、CNC车削、CNC铣削、印刷技术、电气安装、车辆油漆工、屠宰、瓦工、花艺、健康与社会关怀、玻璃构造技术、平面设计、工业电子技术、工业机械、工业4.0、网络系统管理、软件解决方案、制冷和空调、汽车机电一体化、厨师、糕点师、农场机械、园艺、绘画、泥瓦匠、机电一体化、药房技术、机器人系统集成、重型车辆工程、水管工、钢筋混凝土、石匠、泥水匠、水技术、木匠、移动应用程序开发、瓷砖、厂房机械师等。

（1）全国职业技能锦标赛

德国世界技能组织作为合作伙伴和专业知识提供者组织开展全国职业技能锦标赛。全国职业技能锦标赛根据竞赛项目在不同日期和不同地点举行。技术行业的组织者大多是商会、行会或专业协会；工业和服务领域的组织者是涉及相关竞赛项目职业技能的企业。

德国世界技能组织官网介绍的全国职业技能锦标赛的竞赛项目包括：工业力学锦标赛、工业4.0、数字建筑、机电一体化、机器人系统集成。官网介绍竞赛项目的基本情况、注册方法、参赛条件等，并提供相应的竞赛文件，文件主要介绍竞赛项目的能力规范、比赛装备、比赛赛题、竞赛条件、竞赛流程时刻表等。德国全国职业技能锦标赛的每一项竞赛项目的竞赛时间、地点各不相同。

（2）区域职业技能锦标赛

世界技能组织在德国南部，与行业合作伙伴一起开展技能比赛。目标在于在德国不同地区提供不同技能的区域比赛，以便尽可能多地将年轻人与技能联系起来，让他们有机会通过参与技能比赛来实现个人和专业发展。

（三）瑞典职业技能大赛

瑞典的国家职业技能大赛被称为"Yrkes-SM"，每两年举办一次内容丰富的大型比赛和展览活动，2004年5月，第一次比赛在皮特奥举行。比赛获胜者入选瑞典职业技能国家队，代表瑞典参加世界职业技能大赛和欧洲职业技能大赛。

1.组织架构

Yrkes-SM职业技能大赛的主办单位包括瑞典世界技能组织、克罗诺贝格地区政府、韦可舍市政府。瑞典世界技能组织是由企业联合会、行业协会、专业委员会及国家教育部、职业院校等合作组成。下设董事会，包含1名主席、1名副主席、11名成员，其中包括教育政策专家、市政监察员、劳动力市场专家、行业协会代表、教育局负责人、职业院校研究者等。Yrkes-SM职业技能大赛的专业合作伙伴是各类行业协会及部分企业，包括建筑业专业委员会、电机行业、酒店和餐馆教育委员会、涂装行业专业委员会、瑞典皮肤科医生全国组织、护理学院、工业雇主能力委员会和技术公司等，涵盖Yrkes-SM职业技能大赛中各类竞赛项目对应的职业，每个竞赛项目的选拔赛由专业合作伙伴组织，通过各项竞赛项目的选拔赛或提名，选拔、推荐选手参加Yrkes-SM职业技能大赛。

2.赛项设置

2022年Yrkes-SM职业技能大赛注册的职业（竞赛项目）共58个，包括施工技术，畜牧业、林业和农业，工业、机器和车间技术，信息和通信技术，艺术、创意和时尚，社会和个人服务，运输和物流等7个领域。竞赛项目的设置与行业共同发展，以保证竞赛任务、赛题相应行业企业所要求的能力、技能和知识，加强企业与学校的合作，使竞赛成为学生保证知识水平的绝佳方式。

3.参赛条件及方式

参加 Yrkes-SM 职业技能大赛的选手通过各行业组织或专业委员会组织的选拔赛或由各行业组织或专业委员会直接提名来获得参赛资格。一般有 200 到 250 名选手参加 Yrkes-SM 职业技能大赛，但有数千人会参加各类行业的选拔赛。

瑞典世界技能组织开展 Yrkes-SM 职业技能大赛的重要目的是提高职业和职业教育的吸引力、地位和质量，所以 Yrkes-SM 职业技能大赛参赛者对象大多是职业院校学生，年龄要求参照世界技能大赛的年龄要求。

4.主要特点

Yrkes-SM 职业技能大赛的主要特点是充分凸显教育性，面向初中学生、高中学生及其家长免费开放，鼓励初高中学校和教师组织初高中学生及家长参观 Yrkes-SM 职业技能大赛，为学生、学校教职员工、家长等提供更多有关职业教育的信息，在此过程中提升瑞典职业教育吸引力。此外，Yrkes-SM 职业技能大赛鼓励企业在比赛过程中向初高中学校学生及其家长提供职业体验活动或展示企业的主要业务，展示活动需增加不同职业的性别、种族和背景的多样性，根据参观者的需求和兴趣进行调整，以激发初高中学生对职业、行业、职业教育的兴趣。

（四）澳大利亚职业技能大赛

澳大利亚技能组织（WorldSkills Australia）成立于 1981 年，它是一个独立的、非营利性、非政府性质的社会企业组织（Social Enterprise），是澳大利亚在世界技能组织的行政代表，也是澳大利亚一系列职业技能竞赛的实际组织者。该组织的宗旨是举办技能竞赛、制定国际标准和开展应用型研究，积极推动澳大利亚技能政策与实践的发展。[①]

1.澳大利亚全国技能锦标赛[②]

澳大利亚全国技能锦标赛（WorldSkills National Championships）是澳大利亚规模最大、最为卓越的国家级技能竞赛。在澳大利亚州政府的支持下，500名来自澳大利亚本土的参赛选手（年龄在16~24岁之间）经过为期5个月的严格培训后，在300名裁判的监督和120名志愿者的协助下，完成了全部比赛。

参加全国技能锦标赛的选手通常来自正在进行学徒制学习的学员，或者在册培训机构按照澳大利亚培训认证框架进行学习和培训的学员，抑或是通过了相关职业资格考试的个人。

澳大利亚全国技能锦标赛设置了正式竞赛项目、技能尝试项目。正式竞赛项目在技术标准制订、工具设备准备、赛题开发、选手选拔与训练、评判打分等竞赛环节全面参照世赛，既避免了赛事质量和水平上下起伏，也能更好地为对接世界技能大赛标准做好充分准备，同时也能确保国内比赛始终与国际技术发展同步。技能尝试项目是澳大利亚技能组织面向基层民众的互动式技能交流项目。参与者在行业专家的指导下进行有趣的职业实践活动，让参与者体验各类职业（如汽车服务、建筑施工、客户服务、计算机与商业、酒店服务等）技能所需的不同类型的技术和工具。澳大利亚技能组织在2016年已经进行了超过200次的技能尝试活动，有近5万名学生参加了这项活动。

---

① 王春楠，陈晓曦.澳大利亚职业技能竞赛体系及其国际化研究[J].职业教育研究，2021（2）：80-84.

② 郭达，张瑞.澳大利亚技能组织的运行机制研究[J].当代职业教育，2018（3）：96-101.

2. 澳大利亚全球技能挑战赛①

澳大利亚全球技能挑战赛是由澳大利亚技能组织主导举办的国际职业技能邀请赛，通常在世界技能大赛当年提前数月举办，邀请全球范围内的世界技能组织成员参加。首届全球技能挑战赛于2011年6月在澳大利亚新南威尔士州举行，最近一届赛事吸引了来自16个国家和地区的500余名选手和技能组织官员参与，竞赛项目已达24项。

澳大利亚全球技能挑战赛定位为"世赛练习赛"，赛程时间严格按照世界技能大赛规程，技术标准、设备设施、评判打分、赛事日程等都高度模拟了世界技能大赛，赛题、设备、材料尽可能采用即将举行的新一届世界技能大赛已公布的内容。与此同时，参与赛事组织和评审的专家也由澳大利亚本国在世界技能大赛各竞赛项目中担任竞赛项目经理、首席专家、副首席专家等职务的专家担任。这是吸引世界技能组织各成员积极参加的最大特色。

澳大利亚全球技能挑战赛办赛形式简单灵活。与世界技能大赛不同，全球技能挑战赛通常不特意安排或建设场地，而是分散安排在当地的TAFE学院以及企业内举行，比赛场地就是各学院的实习场地或企业的车间，场地搭建和设备使用不需要太多的资金。

（五）俄罗斯职业技能大赛②

俄罗斯专门成立了由俄罗斯技能组织专业团体和熟练技能工人发展（代办）处、莫斯科州政府、战略行动（代办）处、俄罗斯联邦教育和科

---

① 王春楠，陈晓曦. 澳大利亚职业技能竞赛体系及其国际化研究[J]. 职业教育研究，2021（2）：80-84.

② 张瑞，陈晓曦，张芃然. 俄罗斯职业技能竞赛的现状、经验及启示[J]. 当代职业教育，2019（3）：21-26.

学部，以及奥列格·杰里帕斯卡基金组成的竞赛组织委员会。

1.俄罗斯全国职业技能大赛

以世界技能大赛为目标的全国职业技能大赛。该竞赛将目标直接定位于世界技能大赛。因此，对选手的要求和项目设置都严格按照世界技能大赛标准进行。选手年龄限定在18~22岁。项目设置分六大领域，包括运输与物流、建造和建筑技术、制造技术、信息与网络技术、创意艺术与时尚、社会及个人服务业，共计56个项目。在选拔过程中，首先在全国各联邦主体举行地方选拔赛，然后在各联邦区举行半决赛，最后举行全国决赛。比赛按照世界技能大赛流程和要求进行，采取竞赛信息评分系统，根据决赛结果，选出选手参加国家集训，并组团参加欧洲技能大赛和世界技能大赛。

2.俄罗斯未来技能大赛

以高新技术的发展和推广为导向的未来技能大赛。选手年龄限定在18~28岁。竞赛项目主要集中在高科技领域，如基因工程、逆向工程、航空航天工程等。这些技术预计会在未来发展中会有大量需求，同时也将是未来职业技能培训中最为活跃的部分。俄罗斯的大部分大型工业企业被吸引到这项比赛中来，选手均出自各大企业。

3.俄罗斯青少年职业技能大赛

以职业启蒙和职业兴趣开发为导向的青少年职业技能大赛。目标人群为青少年，选手年龄限制在14~16岁。竞赛项目设置注重代表性以及与全国职业技能大赛的衔接性。目的是为了引导青少年尝试不同的技能、体验不同的职业、向专家学习，从而实现职业启蒙教育。

（六）美国技能大赛①

美国技能组织是一个全国性的会员组织，具有非营利协会的性质，由学生、教育工作者与工商业界合作组建而成。美国技能组织自1965年成立以来，已经成立了18000个地方分会。2016—2017年间，美国技能组织的成员结构包括中学生及来自中学的专业教育工作者，大学生及来自大学的专业教育工作者等组成。

美国技能组织下设董事会、国家领导中心和基金会。美国技能组织由其董事会管理。董事会主要由生涯与技术教育协会代表、美国技能组织理事协会主席、美国社区学院协会代表、美国技能组织基金会主席等组成。美国技能组织的国家领导中心是美国技能组织的总部，主要为国家工作人员提供组织相关历史事件的展示，为学生、教师参加会议提供场地。美国技能组织基金会由商业、行业、劳工和其他相关组织的代表组成，目前的基金会委员还有诸如德沃特、卡特彼勒等许多大公司的成员。美国技能组织基金会由董事会管理，受理所有支持国家技能活动相关任务开展的资金活动，如技能项目的资金和实物捐助，为实现美国技能组织的愿景提供资金支持。

美国技能组织每年承办的最重要会议是全国领导力与技能会议（National Leadership and Skills Conference），16000余名学生、教育工作者、志愿者和贵宾会于每年6月最后一周参加此项会议。全国领导力与技能会议期间最大的亮点是为期2天的美国技能锦标赛。2016年，有近6200名学生选手在路易斯维尔肯塔基博览中心的竞赛场地进行比赛。来自美国技能

---

① 郭达，张瑞.美国技能组织的运行实践与发展启示[J].职业技术教育，2018（15）：72-76.

组织的商业、行业和劳动合作伙伴的2000名志愿者担任比赛评委或技术委员会成员，由他们来共同设计和管理比赛。

第五章

世界职业院校技能大赛展望

首届世界职业院校技能大赛（简称"世校赛"）的成功举办，形成了以鲁班工坊为基础、以EPIP为核心的特色亮点。展望未来，世校赛在以有赛项单元的完善、前瞻性和引领性赛项设计、资源成果长效转化机制健全、赛务系统服务范围扩展、行企与世校赛双向赋能、将鲁班工坊建设成果深度融入赛事设计等方面，需要加强研究和探索。

◆特色巩固，完善赛项单元的真实性与完整性设计。

◆紧贴前沿，优化前瞻性和引领性赛项设计。

◆以赛促改，健全世校赛资源成果长效转化机制。

◆数字赋能，完善赛务系统功能开发。

◆产教融合，推动行企与世校赛双向赋能。

◆互学互鉴，打造国际技术技能交流合作平台。

首届世界职业院校技能大赛成功举办，积累了丰富的经验，形成了以鲁班工坊为基础、以 EPIP 为核心的特色亮点。展望世界职业院校技能大赛，进一步巩固特色，基于国际现代产业体系及产业链关键环节与国家重大发展战略，完善赛项单元的真实性与完整性设计；紧贴产业发展前沿、"岗课赛证"综合育人模式实践前沿，优化前瞻性和引领性赛项设计；以赛促改，以中国特色先进职业教育教学模式为指导，以"岗课赛证"综合育人为基础，健全世校赛资源成果长效转化机制；数字赋能，扩展赛务系统服务范围，完善赛务系统重要功能；产教融合，推动企业技术、生产资源向世校赛流动，职业院校技术创新资源向企业转移，推动行企与世校赛双向赋能；互学互鉴，完善国际性赛事管理制度与机制设计，将鲁班工坊建设成果深度融入赛事设计，打造国际技术技能交流合作平台。

一、特色巩固，完善赛项单元的真实性与完整性设计

赛项单元的设计是世校赛与同类型世界技能赛事不同的一个重要的特色创新和探索实践，赛项单元的整体架构、赛项群组的衔接逻辑、赛项单元的国际性与前沿性还需进一步探索，完善赛项单元的真实性与完整性设计，进一步巩固赛项单元设计的特色创新。

（一）基于国际现代产业体系及产业链关键环节，优化赛项单元设置

基于国际经济发展整体趋势，围绕制造业、战略性新兴产业、现代服务业、数字经济等实体经济现代产业体系重点产业，优化赛项单元的产业领域设置；聚焦产业链高端化、智能化、绿色化转型升级的关键环节，产业链新技术、新装备、新工艺创新的关键环节，优化赛项单元的产业链具

体环节设置。

当前，世界进入新的动荡变革期，世界大变局加速演变的特征更趋明显。以信息技术和数字技术为代表的新一轮技术革命引发的产业革命，呈现出生产方式智能化、产业组织平台化、技术创新开放化的特征，对全球分工也将带来全面而深刻的影响。绿色发展成为全球经济发展的重要取向，实现可持续发展目标和推动世界经济发展，控制污染、实现低碳转型的绿色发展正在成为各国经济发展的主流。[①]

实体经济是促进宏观经济顺畅运转的关键所在，各国纷纷把振兴实体经济放在国家发展的重要位置，重点以实体经济为着力点建设现代化产业体系。现代化产业体系的建设主要包括推进产业结构高端化，提升产业技术密集度和附加值；推进产业模式数字化，加强数字技术的广泛渗透和应用；推进产业形态绿色化，产业发展践行人与自然和谐共生理念。[②]其中制造业、战略性新兴产业、现代服务业、数字经济是建设现代化产业体系的关键领域；全产业链优化升级，传统产业高端化、智能化、绿色化是建设现代化产业体系的重要方向。

因此，赛项单元设置，第一，将重点围绕制造业、新一代信息技术、生物技术、新能源、新材料、高端装备、新能源汽车、绿色环保以及航空航天、海洋装备等战略性新兴产业、现代服务业、数字产业等国际经济产业重点发展领域，确定赛项单元的专业领域覆盖重点产业领域，具体包括装备制造类、电子与信息类、能源动力与材料类、交通运输类、财经商贸类、医药卫生类等赛项单元的设置。第二，将聚焦产业链的关键环节，包括产业链中产业技术密集度和附加值高的具体环节，数字技术渗透、应用

① 国务院发展研究中心课题组.未来国际经济格局十大变化趋势[N].经济日报.2019-02-15.

② 李芃达.坚持把发展经济着力点放在实体经济上[N].经济日报.2022-10-28.

与深度融合的重要环节，绿色发展低碳转型重点环节，新技术、新产品、新业态、新模式创新的关键环节，现代服务业同先进制造业、现代农业深度融合环节等，确定赛项单元对应的产业链具体环节。

（二）基于国家重大发展战略，完善展演类赛项单元设置

展演类赛项除了围绕现代产业体系中的重点产业领域设置外，还可围绕国家重大重点发展战略进行完善和补充设置，展现中华优秀传统文化与技术技能传承，共享中国服务人类命运共同体建设，推动民生福祉建设，推进国家现代化发展的中国智慧与中国方案。包括围绕建设持久和平、普遍安全、共同繁荣、开放包容、清洁美丽的世界；围绕全面推进乡村振兴、促进区域协调发展、一带一路战略；围绕增进人民福祉，实现人民对美好生活的向往，促进全体人民共同富裕；围绕构建现代职业教育体系，统筹职业教育、高等教育、继续教育协同创新，推进职普融通、产教融合、科教融汇等国家战略，以及围绕中国传统技艺及具备悠久文化历史背景的技术技能，设置相关的赛项单元。

（三）基于产业链关键环节内部运作逻辑，提升赛项单元整体架构设计

聚焦与产业链关键环节对应的供需链、价值链，以及与产业链关键环节深度融合的创新链等，对接产业链关键环节中产品的工艺逻辑或服务的供给逻辑、价值创造逻辑、技术创新逻辑等，设计相互衔接有序的赛项群组，完善赛项单元整体架构，真实、完整地呈现现代产业体系中产业链关键环节的工艺流程、服务流程、价值流动、技术创新，展现与产业链关键环节直接相关的新技术、新产品、新业态、新模式等。

第一，聚焦产业链关键环节中的供需链，基于产品的工艺逻辑或服务的供给逻辑，完善赛项单元整体架构设计。供需链是产业链组成的一

部分，指物料获取并加工成中间件或成品，再将成品送到顾客手中的一些企业和部门构成的链条或网络，关注的是提供产品和服务，满足最终用户的需求。产业发展与顾客需求密切相关，例如现代服务业同先进制造业、现代农业深度融合环节相关的赛项单元，可以借鉴产品的工艺逻辑或服务的供给逻辑，设计组织相关的赛项群组，完成赛项单元的完整性设计。

第二，聚焦产业链关键环节中的价值链，基于价值创造逻辑，完善赛项单元整体架构设计。价值链是产业链组成的一部分，指互不相同但又相互关联的生产经营活动构成的一个创造价值的动态过程。价值创造是产业发展的根本目的，例如产业链中产业技术密集度和附加值高的具体环节相关的赛项单元，可以借鉴价值创造逻辑，设计组织相关的赛项群组，优化赛项单元的真实性设计。

第三，聚焦与产业链关键环节深度融合的创新链等，基于技术创新逻辑，完善赛项单元整体架构设计。创新链是产业链发展的动力，其核心是关键核心技术，充分发挥科技创新驱动作用。例如，数字技术渗透、应用与深度融合的重要环节，绿色发展低碳转型重点环节等产业链关键环节相关的赛项单元，可以借鉴技术创新逻辑，设计组织相关的赛项群组，完成赛项单元的前沿性设计。

二、紧贴前沿，优化前瞻性和引领性赛项设计

紧贴产业发展前沿、"岗课赛证"综合育人模式实践前沿，及时更新已有赛项并培育新赛项，创新赛项规程设计，提升赛项设计的前瞻性与引领性。

（一）紧贴产业发展前沿，及时更新已有赛项并培育新赛项

紧密对接产业新技术、新产品、新业态、新模式，以赛项单元为单位，以世界技能大赛等重要赛事充分研究为基础，以服务企业为导向，及时更新已有赛项设计，并培育设置新赛项。

第一，在赛项单元整体架构下，设计赛项单元内部的各个赛项，确保各个赛项间建立衔接逻辑，在赛场上真实完整地对产业链关键环节实现还原与呈现。在已明确的赛项单元设置基础上，基于赛项间衔接逻辑，凝练各赛项对应的产业链关键环节中关键性技术技能岗位的典型工作场景和真实工程项目案例，将真实工作过程、任务和要求融入比赛环节，将赛项单元内的各赛项进行衔接，明确竞赛技术标准，设计制定赛项的竞赛内容、赛题等，选择并改造相关装备。

第二，充分研究世界技能大赛、中华人民共和国职业技能大赛、金砖国家技能发展与技术创新大赛等重要国际赛事中，与世校赛相同赛项及相关赛项的竞赛内容、赛题、装备、技术标准等，作为世校赛赛项设计的重要基础，明确世校赛与重要国际赛事相同赛项及相关赛项的区别与联系，在此基础上对接产业新技术、新产品、新业态、新模式，及时更新已有相同赛项的竞赛内容、赛题、装备、技术标准等，并培育设置相关的新赛项。

第三，拓展赛项服务企业功能，在保障赛项技术技能人才培养功能的基础上，补充赛项对企业逆向技术服务与创新的推动功能，企业问题清单纳入赛项设计与开发，对产业链关键环节上的关键企业开展有关技能人才需求、工艺改进、技术创新等方面的调研，将企业紧缺岗位核心技能要求、实际工艺技术设备问题、真实工作岗位案例转化为赛项赛题、装备等，及时更新已有赛项并培育新赛项。

（二）紧贴"岗课赛证"综合育人模式实践前沿，创新赛项规程设计

按照"岗课赛证"综合育人模式的整体设计，基于"岗赛"融通、基于"岗赛"融通，探索实践"赛证"融通，创新世校赛赛项规程设计，成为构建"岗课赛证"融通育人新模式的有效工具。

第一，基于在真实工作情境中培养学生综合职业能力的"岗课赛证"融通基本理念，基于"岗赛"融通，创新赛项规程设计。培养学生综合职业能力是"岗课赛证"综合育人的基本理念，职业能力存在于具体的职业活动中，技能学习本质上是基于真实工作情境的学习，"岗课赛证"综合育人的学理支撑包含以学生能力发展为主体，关注综合职业能力，寻找、确定和描述复杂多变工作情境的职业典型工作任务，并对其进行教学化处理，开展知识、技能、能力和素养的综合分析。[1]因此，赛项规程的设计应符合"岗课赛证"融通基本理念，重视对学生综合职业能力的培养与检验，重视真实工作情境中典型工作任务的挖掘与还原。

第二，充分发挥"赛"在"岗课赛证"综合育人模式中示范引领的重要作用，创新赛项规程设计。职业院校技能竞赛定位于学校教育教学的高端展示，以竞赛标准引领教学标准，竞赛内容基于教学、高于教学、引领教学，[2]赛项规程设计以专业教学标准、职业能力标准等作为主要参考依据，实现技能大赛相关标准与职业院校的专业课程标准的互动发展。[3]因此，赛项规程的设计应充分利用世界职业技术教育发展联盟中的专家资源，融入国际化专业教学标准，世界前沿行业标准，世界广泛认可的职业

① 曾天山.试论"岗课赛证"综合育人[J].教育研究，2022（05）：98-107.

② 曾天山.试论"岗课赛证"综合育人[J].教育研究，2022（05）：98-107.

③ 曾天山，陈斌，苏敏.以高水平赛事促进"岗课赛证"综合育人——基于2021年全国职业院校技能大赛分析[J].中国职业技术教育.2021（29）：5-10.

能力标准等，聚焦竞赛内容、竞赛规则等的国际性、前瞻性和引领性，全方位展示工程实践创新项目（EPIP）等中国特色职业教育教学模式。

第三，创新"岗课赛证"融通模式，探索实践"赛证"融通机制，创新赛项规程设计。在"岗赛"融通、"课赛"融通的基础上，探索实践"赛证"融通，在部分赛项进行试点，选取行业领先的合作企业，企业引领行业内职业技能等级证书、技能培训证书的认证与颁发等，企业参与赛项规程中竞赛内容、竞赛规则等的设计，参赛师生选手完成相应的竞赛内容、达到相应的技能操作评价标准，则可获取对应等级的相关证书，或将高等级、高水平的职业技能等级证书作为获奖的一部分，探索有效整合竞赛与取证的方式和方法，实现师生参与竞赛及师生获取证书的良性互动，进一步提升竞赛的含金量以及竞赛对证书培训的指导作用。

三、以赛促改，健全世校赛资源成果长效转化机制

以中国特色先进职业教育教学模式为指导，以"岗课赛证"综合育人模式为基础，建设优质、普惠性、拓展性的赛事资源库，探索形成"赛课证"资源转化机制，将资源成果转化应用的短期效果拓展为先进职业教育教学模式推广应用以及"岗课赛证"综合育人的长远效果，健全世校赛资源成果长效转化机制。

（一）以工程实践创新项目（EPIP）教学模式为指导，建设优质、普惠性、拓展性的赛事资源库

《全国职业院校技能大赛资源转化工作办法》提出满足职业教育教学需求、体现先进教学模式、反映职业教育先进水平是大赛资源转化的基本要求。工程实践创新项目（EPIP）教学模式是广泛吸取中国近现代教

育思想，借鉴国际先进教育教学理念，基于天津职业教育改革创新15年试验区和示范区实践孕育出的中国特色职业教育教学模式。工程实践创新项目（EPIP）将墨子重视实践的"行为本""亲知"，将黄炎培的"建教合作"、教育与实业联为一体以解决生计、开发产业，将陶行知的"生活即教育、社会即学校""千教万教教人求真，千学万学学做真人"，举旗以彰理，落地以取效，是结合技术技能人才培养的中国职业教育实际而创立的一种教学模式。①

资源成果的长效转化需以先进的职业教育教学模式为支撑，在资源成果转化教学应用的过程中实现先进职业教育教学模式的推广应用，将资源成果转化应用的短期效果拓展为先进职业教育教学模式推广应用的长远效果。根据比赛内容开展制作教学视频微课、编订教程教材、制定相关课程标准或教学大纲、优化现有教学或实训模式、开展大赛合作企业与院校间的校企合作项目、召开专题研讨会等赛项资源转化工作，以此促进教学质量的提升，对职业教育的发展起到"导航"的作用。②在资源转化应用的基础上，通过先进职教教学模式的推广应用，进一步扩大促进教学质量提升的效果。

工程实践创新项目（EPIP）教学模式是世校赛设计、组织、实施的重要理论基础和指导思想，以工程实践创新项目（EPIP）教学模式为指导，建设优质、普惠性、拓展性的赛事资源库，实现先进职业教育教学模式的推广应用，有利于促进职业院校教学质量的提升，发挥世校赛资源成果长效转化效果。第一，以工程化、实践性、创新性、项目式为标

① 吕景全.EPIP职业教育教学模式——改造我们的学习[M].北京：高等教育出版社，2019：27.

② 曾天山，陈斌.对标世界水平赛事引领职业教育高质量发展[J].中国职业技术教育，2021（12）：98-104.

准，将赛题中的企业真实生产工作项目转化为教学案例，将赛题技能点、设备技术规范等转化为课程资源，将赛题、竞赛设备、赛场设计等整合转化为教学实践项目，将赛项中来源于企业的"真实"的生产和服务场景、核心技术以及"完整"的生产和服务项目，融入职业院校的专业建设、课程建设与日常教学。第二，组织工程实践创新交流，遴选金牌参赛队、优秀指导教师、赛项开发院校，开展"技能成才""手拉手"等主题培训，线上线下结合，国内国外共同参与，将获奖师生真实的教学实践、完整的备赛竞赛流程转化为指导职业院校师生竞赛备赛的普惠性资源。第三，基于大赛，设立技术改进提升优化、设备产品研发、技能人才成长、服务国家战略、服务中小企业、服务美好生活等专题教研，完整呈现职业院校服务企业技能人才培养、技术创新等的真实典型案例，转化为指导职业院校专业建设、教学实践、技术服务等的拓展性资源，提升职业院校服务经济发展与学生成长的服务能力。

（二）以"岗课赛证"综合育人模式为基础，探索形成"赛课证"资源转化机制

探索形成"赛课证"资源转化机制，促进"岗课赛证"在功能上形成相互融通、良性互动的关系，提升世校赛资源成果转化的系统性、组织性、制度性，推动世校赛资源成果长效转化。第一，以赛项执委会为单位，成立由赛项专家组、承办院校、合作企业组成的资源转化小组，将赛项装备、赛项任务、赛项技能点、技术规范、赛项评价指标转化为教学设备、课程教学内容、实践项目、教学评价标准，并在全国职业院校技能大赛已建成的赛项资源转化系统中进行公开，引导职业院校直接应用或对相关资源进行二次开发再利用，系统性、组织化地推动"赛课"资源转化。第二，探索"赛证"资源成果转化。通过大赛资源转化推动1+X相关证书

标准体系建设，将职业教育与技能培训有机结合。①鼓励引导职业院校结合本校1+X证书建设情况，基于相关赛项资源，开发相应职业技能等级培训教程、考核标准等。第三，建设"岗课赛证"融通教材。以"岗"设新标准、以"赛"为新驱动、以"证"塑新成果、以"课"作新呈现，系统建设教材体系，将企业的工作岗位和职业技能、职业技能等级标准、职业技能竞赛与课程教材建设有机融合。②将"岗课赛证"融通教材的建设作为世校赛资源成果转化的有效形式。

四、数字赋能，完善赛务系统功能开发

赛务系统是世校赛持续、深入的关键支撑，是办赛前、中、后各时期与国内外职业院校联系的重要路径之一。世校赛受时间、资金、报批程序等多种因素影响，赛务系统功能只开发了部分基础模块功能，如报名管理、成绩管理，满足基本比赛需求。还需进行二期开发，完善基础功能模块，增加赛务人员安全管理、物资管理、后勤管理等功能；开发应用模块，增加赛务数据分析、成果资源转化（科研教研）、掌上App等功能。把赛务系统使用、管理与信息化服务、日常教学服务全面融合，实现赛务信息的多级互动、赛务信息资源的全流程覆盖，发挥出赛务系统更全面、更深入、更安全地支撑大赛设计、筹备、实施及成果转化等的重要作用。

① 曾天山，陈斌.对标世界水平赛事引领职业教育高质量发展[J].中国职业技术教育，2021（12）：98-104.
② 窦芳."岗课赛证"融通的职业教育新形态教材开发逻辑与路径[J].中国职业技术教育，2022（26）：65-71.

（一）扩展赛务系统服务范围

扩展赛务系统全对象、全流程的服务范围，实现赛前、赛中、赛后对大赛相关人员、数据、材料、资源等的信息化、数字化、智能化管理。一是将赛务系统的服务对象从国内外参赛选手及赛项、赛区、大赛执委会相关工作人员，扩展至专家、裁判、仲裁以及国内外参赛院校的其他师生。二是将赛务系统的服务范围从赛前报名及赛后成绩管理，扩展至赛前赛项规程、赛题等的制定与发布，赛务用品设计与筹备，赛中数据与资源采集、存储，赛后数据分析、资源转化应用等赛事全流程。

（二）完善赛务系统重要功能

围绕赛务系统全对象、全流程服务，在已有报名和成绩管理功能基础上，进一步完善赛事人员管理，资源管理，后勤管理，数据采集、存储、挖掘、分析，成果转化与资源应用功能等。第一，完善赛事人员管理功能，基于赛务系统建立世校赛专家库、裁判库、仲裁库，服务世校赛专家、裁判、仲裁的遴选和任用。第二，完善资源管理功能，以赛项单元为单位，采集、存储、呈现历届赛项的赛项规程、赛题、获奖选手竞赛视频等数字化资源，服务国内外意向参赛院校及师生了解相关赛项的基本竞赛情况。第三，完善数据采集、存储、统计、挖掘与分析功能，包括报名数据、成绩数据等的年度统计与分析，赛项单元、赛项、赛项规程、赛题等的大数据统计与分析，参赛选手技能操作过程中技能点、创新点数据的采集、挖掘和分析等，服务世校赛国际化参赛趋势及程度的掌握，优化赛项单元与赛项设置、赛项规程与赛题设计，提炼技能点、创新点等。第四，完善成果转化与资源应用功能，服务将获奖选手竞赛视频及其提炼的技能点、创新点等转化为教学资源，面向国内外参赛院校共享运用。

（三）增强赛务系统安全管理

扩展赛务系统全对象、全流程服务，补充完善相关功能后，赛务系统中将存储庞大数量的数据、信息和资源，赛务系统安全管理的重要性更加显著，还需进一步增强赛务系统安全管理，强化应急处置、运维安全保障，确保服务器、赛务系统、数据等不因偶然的或恶意的原因而被破坏、更改或显露。第一，加强用户管理，明确不同用户类型的权限设置、管理和控制不同用户类型对赛务系统的访问应用。第二，进一步巩固赛务系统的信息安全技术，包括加解密技术、VPN技术、防火墙技术、安全审计技术等。第三，进一步完善赛务系统的管理体系，加强工作人员的信息安全管理，按实际应用周期更新应急预案，及时备份重要数据等。

五、产教融合，推动行企与世校赛双向赋能

产教融合是职业教育生命线，是世校赛的基本属性。扩大赛区执委会专家委员会、赛项专家组、赛项执委会等机构行业企业成员比例，邀请行业企业参与世校赛前期设计、中期实施、后期评价，探索企业问题清单式赛项设计、企业主导的赛题设计，强化企业主体作用。推动企业技术、生产资源向世校赛流动，提升赛项设计的技术先进性、产业引领性，实现行业企业为世校赛赋能；推动职业院校技术创新资源向企业转移，提升赛项设计的技术创新性、产业价值性，实现世校赛向行企的赋能。

（一）探索行企深度参与新机制

第一，优化企业遴选、准入与甄别机制，完善企业资格准入、审查和备案制度。在承办校已有校企合作基础上，优化行业国际顶尖企业、国内

龙头企业、跨国企业、产教融合型企业等的参与机制和形式，引入良性竞争机制，吸引顶尖企业龙头企业、跨国企业、产教融合型企业等主要负责人等加入专家委员会，将企业纳入赛项设计、组织、实施主体，同时完善企业遴选、准入与甄别细则，明确企业权责，发挥企业在软硬件支持、技术转化、资金捐赠等方面的作用，完善企业资格准入、审查和备案细则。

第二，扩大赛区执委会专家委员会、赛项专家组、赛项执委会等机构行业企业成员比例。聘请相关行业组织专家、相关产业研究院所专家与职业院校专家，组成赛区执委会下属专家委员会，汇集行业企业、研究机构、职业院校全产业链资源，共同参与赛事整体规划设计，确定比赛总体工作方案；聘请相关行业组织技术专家，优质龙头企业、跨国公司技术专家，相关产业研究院所专家，加入赛项专家组，参与赛项规程、竞赛内容、赛题、评分标准设计，引入更多产业技术、行业标准、企业管理等元素；聘请优质龙头企业、跨国公司技术专家加入赛项执委会，参与指导选定或开发竞赛设备、设计布置赛场等，提供技术支持及赛场服务等。

第三，委托赛区执委会专家委员会、赛项专家组开展赛区赛事、关联赛项等赛后评价。委托赛区执委会专家委员会，围绕赛事特色性、先进性、国际性、权威性和代表性，对赛事方案、赛项单元设置、赛项设置、赛项企业合作、竞赛方式、参赛方式等进行赛后评价指导，指出存在的问题，并提出优化改进建议，作为下一届世校赛的指导意见。委托赛项专家组全程参与赛项竞赛、评分、裁判、仲裁过程，发挥监督作用，针对赛项规程、竞赛试题、竞赛设备、评价标准等进行赛后评价指导。

（二）探索企业问题清单式赛项设计

围绕企业技术难题、产业共性关键技术需求、技术创新需求、工艺改进需求、技术技能人才需求等，由承办院校牵头，赛项专家组参与，针对性调研行业世界顶尖企业、国内龙头企业、跨国公司，广泛性调研相应产业链的中小微企业，编制企业技术技能问题清单，转化为赛项规程、试题、装备、场地等的设计要点，并融入成果转化清单。选取共性、基础性、典型性的企业技术技能问题，还原真实工作场景、生产场景，融入赛项试题、装备、场地设计。竞赛内容源于企业，强化赛项设计的技术先进性、产业引领性，实现行企深度参与世校赛，为世校赛赋能；突破技能比拼，提升赛项设计的技术创新性、产业价值性，实现职业院校技术创新资源向企业转移，推动世校赛向行业企业赋能。由此，强化世校赛赛项规程、试题、装备、场地等赛项资源，发挥为职业院校教学、科研"树旗、导航、定标、催化"的重要作用。

（三）探索企业主导的赛题设计方式

在部分赛项试点探索"企业出题、赛项答题"机制，强化企业在世校赛设计、组织、实施过程中的主体作用，赋予企业更多地参与主导权。第一，探索企业命题机制，邀请行业世界顶尖企业、国内龙头企业、跨国公司等行业权威企业命题，由赛项专家组根据教学组织实施要求进行优化和完善，平衡赛项设计的产业性及教育性；或依据企业问题清单确定竞赛内容主题，面向行业企业公开征集赛题设计方案，由赛项专家组评选确定及完善优化。命题企业进行赛题解读，对赛题命题背景、解题思路和竞赛要求等进行全面解读，帮助参赛者更好地理解赛题和赛事规则。第二，探索开放命题机制，根据企业问题清单划定竞赛内容范围，参赛选手在竞赛内容范围内，自行参考企业真实工作项目拟定赛题，完成开放式竞赛，阐述开放命题背景、思路等，激发职业院校紧跟产业前沿、对接服务企业的动力和活力。

六、互学互鉴，打造国际技术技能交流合作平台

将鲁班工坊"五共"机制、"五项"基本原则等理论思想成果融入赛事国际化管理组织制度机制，国际化专业教学标准、工程实践创新项目（EPIP）、教学装备、教学资源等实体化成果融入赛项试题、装备、培训资源，丰富竞赛各阶段交流合作活动，增进技能共同体共训、共赛、共研、共享、共用、共赢。

（一）完善国际性赛事管理制度与机制设计

第一，建立赛事设计、组织、实施、管理等的动态优化调整制度。成立世校赛专家委员会，统筹世校赛赛事设计与组织，设计赛区遴选、承办校遴选方案办法，开通赛项全球征集、赛事意见征询通道，对赛项设置、规程赛题制订、企业参与、赛区与承办校遴选等相关制度进行动态优化与调整。成立世校赛纪律与监督委员会，与世校赛组织委员会共同制定世校赛专家、裁判工作准则，发布世校赛相关工作纪律要求等，基于每届赛事后公开征集的赛事意见，动态修订相关制度及工作要求，不断优化世校赛赛事管理制度与机制。

第二，完善国际组织形式，丰富国际参赛渠道，建好国际专家裁判库。在国内高职院校发动邀请的基础上，探索驻外使领馆面向全球征集、面向高校留学生公开征集等参赛形式，丰富国际参赛方式渠道。建好国外专家库，重点扩充熟悉国际技能标准和世界技能赛事、具有国际大赛工作或执裁经验的专家，兼顾国外参赛校专家，[①]引入世界职业技术教育发展

① 教育部办公厅关于印发《全国职业院校技能大赛执行规划（2023—2027年）》的通知教职成厅函〔2023〕13号[EB/OL].http：//www.gov.cn/zhengce/zhengceku/2023-04/01/content_5749639.htm，2023-03-30.

联盟国外专家资源；建立专家专业能力建设和认证制度，明确国外专家、裁判的推荐要求、推荐方式、遴选标准等，开展专业能力建设，审核和甄别专家资历、实践技能、测评能力等。

第三，完善选手奖励政策，丰富选手奖励形式。探索丰富奖励形式，在金、银、铜牌及优胜奖奖项设置基础上，授予获奖选手技术能手、青年岗位能手称号，或给予相应职业技能等级评定，完善获奖选手在升学考试、考研等方面的加分或免试政策，探索获奖师生赴职业教育发展水平高的国家和地区交流、学习机制，[①]或国外获奖师生来国内高职院校、本科院校交流、学习机制。

（二）鲁班工坊建设成果深度融入赛事设计

鲁班工坊是在天津市委市政府领导下，在教育部及相关部委办支持指导下，天津职业教育的首创原创成果，由天津市职业院校率先组织实施，历经实践探索，理论研究，经验总结，模式推广，成为中国职业教育创立的国际品牌、中外人文交流的品牌项目，成为促进合作过加强能力建设、改善民生福祉以及服务"一带一路"的重要载体和创新举措。相继建成泰国、英国、印度、印尼、巴基斯坦、柬埔寨、葡萄牙、吉布提、肯尼亚、南非、马里、尼日利亚、埃及、科特迪瓦、乌干达、马达加斯加和埃塞俄比亚等19个国家的20个鲁班工坊，遍布亚洲、欧洲和非洲。[②]

鲁班工坊建设过程中形成了丰富的建设成果，包括建设理念、建设机

① 教育部办公厅关于印发《全国职业院校技能大赛执行规划（2023—2027年）》的通知教职成厅函〔2023〕13号[EB/OL].http://www.gov.cn/zhengce/zhengceku/2023-04/01/content_5749639.htm，2023-03-30.

② 吕景全.鲁班工坊 品牌.内涵.布局.目标（中英双语版）[M].北京：中国铁道出版社，2022：4-46.

制、建设原则等指导理论思想成果，也包括国际化专业教学标准、工程实践创新项目、教学装备、教学资源、师资培训等实体化成果。探索将鲁班工坊秉持平等合作、开放包容、互学互鉴、互利共赢的精神，坚持共研、共建、共享、共用、共赢的"五共"机制，创设平等合作、因地制宜、优质优先、强能重技、产教融合的"五项"基本原则，融入赛事国际化管理组织制度机制；将国际化专业教学标准、工程实践创新项目教学模式、教学装备、立体化教学资源等职业教育中国标准、中国模式、中国装备、中国方案成果融入赛项中的试题、装备、培训资源等。

（三）丰富技能共同体交流合作活动

丰富竞赛各阶段交流合作活动，增进技能共同体共训、共赛、共研、共享、共用、共赢。第一，竞赛前，以赛项为单位，中外技能共同体共享培训资源，共建培训基地，共同针对竞赛内容组织研学，加强中外职业教育教学实践互学互鉴。第二，竞赛中，以赛项为单位，中外技能共同体共同参赛，同时组织中外技能共同体相关职业院校师生观摩学习，扩展中外职业院校师生技能展示与切磋舞台与空间。第三，竞赛后，面向整体赛事或相关赛项，组织中外技能共同体相关职业院校专家参与世校赛国际论坛、赛项国际研讨会等交流活动，共同研讨世校赛赛项单元设置、赛项设置、赛题设计、装备开发、评价标准设计等重要主题；成立大赛资源成果转化国际组，引入国际化专业教学标准分享活动、资源成果转化开发活动等，共建共用双语课程、教材、数字化资源等，深化中外技术技能交流。

附　件

附件1：

世界职业院校技能大赛主形象设计图稿

世界职业技术教育发展大会
WORLD VOCATIONAL AND TECHNICAL
EDUCATION DEVELOPMENT CONFERENCE

世界职业院校技能大赛
World Vocational College Skills Competition

中国·天津　TIANJIN·CHINA

附件2：

世界职业院校技能大赛主场馆及开闭幕式设计图样

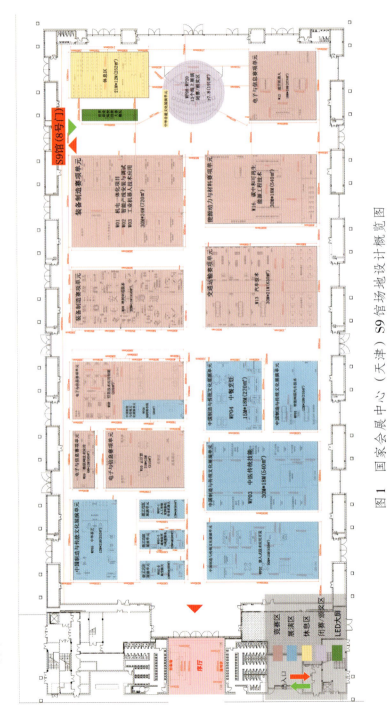

图 1 国家会展中心（天津）S9馆场地设计概览图

图2　国家会展中心（天津）S9馆场地设计概览图

图3　国家会展中心（天津）S9馆入口景观

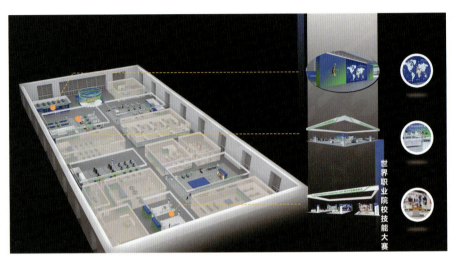

图4　国家会展中心（天津）S9馆入场视觉图

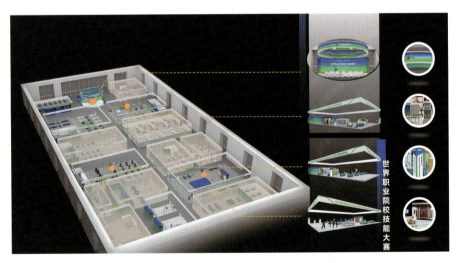

图5　国家会展中心（天津）S9馆场地布局概览图

图6　装备制造赛项单元场地图

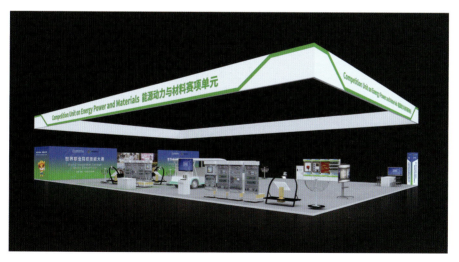

图7　能源动力与材料赛项单元场地图

图8　电子与信息赛项单元场地图

图9　中国制造与传统文化赛项单元场地图

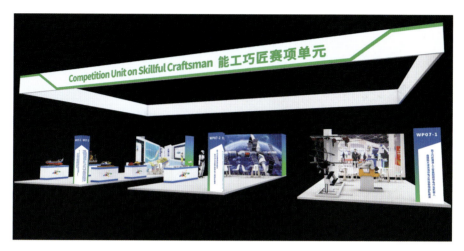

图 10　能工巧匠赛项单元场地图

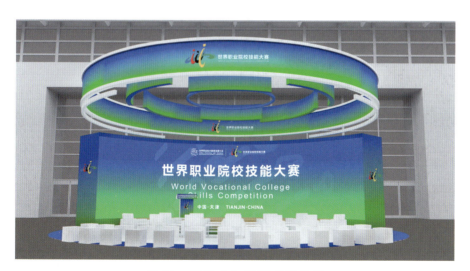

图 11　开幕式与闭幕式场地图

附件3：

世界职业院校技能大赛奖牌奖杯和获奖证书设计图稿

图1　奖牌

图 2　获奖证书

图 3　奖杯